PRAC

Frank Martela, filozof și cercetător în domeniul psihologiei, este specializat în subiecte legate de sensul vieții, fericire și împlinirea sufletească. A scris articole pentru *Harvard Business Review*, *Scientific American Mind* și *Salon*, iar activitatea sa a fost prezentată în *Quartz* și la BBC. Cercetările sale au fost publicate în numeroase reviste științifice, precum *Journal of Personality*, *Journal of Positive Psychology*, *Journal of Happiness Studies*, *Metaphilosophy*, *Southern Journal of Philosophy*, *Motivation & Emotion* și *Organization Studies*. A susținut numeroase conferințe în universități din întreaga lume, printre care Stanford University, Harvard University și University of Edinburgh. A dat interviuri pentru *New York Times*, *Fitness*, *Vice News* și *Monocle Observer*. Este profesor la Aalto University, din Helsinki.

FRANK MARTELA

O VIAȚĂ MINUNATĂ

CUM SĂ GĂSIM UN SENS AL EXISTENȚEI

Traducere din engleză
de Doina Lică

HUMANITAS
BUCUREȘTI

Redactor: Mona Antohi
Coperta: Ioana Nedelcu
Tehnoredactor: Manuela Măxineanu
Corector: Ana-Maria Vieru
DTP: Florina Vasiliu, Dan Dulgheru

Tipărit la Artprint

Frank Martela
A Wonderful Life: Insights for Finding a Meaningful Existence

Original edition published by Harper Design, 2020
Romanian edition published by agreement with Frank Martela and Elina Ahlback Literary Agency, Helsinki, Finland.

Descrierea CIP a Bibliotecii Naționale a României
Martela, Frank
O viață minunată: cum să găsim un sens al existenței /
Frank Martela; trad. din engleză de Doina Lică. –
București: Humanitas, 2021
Conține bibliografie
ISBN 978-973-50-7308-4
I. Lică, Doina (trad.)
159.9

EDITURA HUMANITAS
Piața Presei Libere 1, 013701 București, România
tel. 021/408 83 50, fax 021/408 83 51
www.humanitas.ro

Comenzi online: www.libhumanitas.ro
Comenzi prin e-mail: vanzari@libhumanitas.ro
Comenzi telefonice: 0723 684 194

Cuprins

Introducere

„Cum am venit pe lume; de ce nu am fost întrebat, de ce nu mi s-au adus la cunoștință datinile și rânduiala, ci am fost înfipt și eu în rând cu alții...? Cum se face că a început să mă intereseze marea întreprindere, numită realitate? De ce m-ar interesa? Nu-i o chestiune de liberă alegere? Iar dacă tot sunt obligat să fiu [interesat], unde este atunci diriguitorul; am dreptul și eu la vreo observație? Nu există nici un diriguitor? Unde să mă adresez cu plângerea mea?“

—Søren Kierkegaard, *Gjentagelsen*, 1843*

Unde erai când ți-a trecut prin minte că viața nu are sens? La a treia cină încălzită la microunde din săptămână, pe când meditai la gustul ketchupului și la avantajele sale pentru sănătate? Sau când ai apăsat butonul *send* la ora 2 noaptea, după ce ai încheiat o sarcină de serviciu urgentă, doar ca să înțelegi că lumea, cel mai probabil, n-o să fie cu nimic mai bună în felul ăsta? Poate că o tragedie cu impact major te-a ajutat să înțelegi că nu ai făcut nici un efort ca să afli ce vrei cu adevărat de la viață. Sau poate te-ai trezit pur și simplu într-o dimineață, te-ai privit în oglinda din baie și te-ai întrebat dacă mai e și altceva în fleacul ăsta nebunesc numit viață.

Stai liniștit – nu ești singur. În această carte te vei întâlni cu mulți gânditori și filozofi care s-au confruntat cu insignifianța existenței și au sfârșit la extrema cealaltă, cu un sentiment renăscut și optimist al sensului vieții.

---

* Søren Kierkegaard, *Repetarea*, trad. Adrian Arsinevici, Amarcord, Timișoara, 2000, p. 95 (n. tr.).

Ca oameni, dorim ca viețile noastre să aibă importanță, valoare și sens. Suntem „programați să căutam sensul vieții“, așa cum spune profesorul de psihologie Roy Baumeister[1]. Lipsa sensului este o privațiune psihologică gravă, asociată cu depresia și chiar sinuciderea.[2] Sensul vieții e important pentru a găsi o motivație, starea de bine și, în general, pentru o viață ce merită trăită.[3] Într-adevăr, numeroase studii au arătat că indivizii care au un puternic sentiment al scopului în viață tind să trăiască mai mult.[4] Viktor Frankl, supraviețuitor al Holocaustului și renumit psihiatru, a observat direct acest lucru cât a trăit în lagărele de concentrare. Doar indivizii care au reușit să-și păstreze un sentiment al sensului vieții în asemenea condiții intolerabile au avut o șansă de supraviețuire. Îi plăcea să-l citeze pe Nietzsche: „Cel care are un *de ce* pentru care să trăiască poate să suporte aproape *orice*“[5].

Problema este că în cultura occidentală a devenit tot mai greu de răspuns la întrebarea inevitabilă „de ce“ într-un mod real sau satisfăcător. De-a lungul istoriei, majoritatea civilizațiilor au răspuns la dorința de a găsi un sens al vieții prin asigurarea unui cadru cultural stabil care cuprindea răspunsuri la marile întrebări ale existenței. Când strămoșii noștri întrebau: „Cum să-mi trăiesc viața?“, recurgeau la cultură – tradițiile, credințele și instituțiile trainice ale societății – pentru a găsi îndrumare. Totuși, perioada culturală contemporană a destabilizat vechile baze ale sensului vieții. În vreme ce știința modernă a îmbunătățit în mod considerabil condițiile materiale de trai, a slăbit vechile sisteme de valori și soluții, și nu a reușit să asigure noi fundamente solide pentru valorile și semnificațiile umane. După cum afirmă expertul în istoria moralității, filozoful scoțian Alasdair MacIntyre, valorile occidentale moderne se întemeiază pe vestigiile unei concepții mai vechi despre lume, care nu mai are logică.[6]

Societățile occidentale au moștenit anumite valori, însă au pierdut legătura cu concepția mai largă pe care o aveau la temelie și care le justifica. Iar influența acestei concepții occidentale tot mai seculare și mai individualiste câștigă tot mai mult teren în întreaga lume.[7]

În concepția idealistă modernă, ai libertatea să-ți găsești propriul sens al vieții și să-ți marchezi propriul drum unic pe baza valorilor pe care singur ți le-ai ales. Din păcate, în loc să te simți eliberat, te simți doar secătuit. Lucrezi mai mult, mai inteligent și mai eficient decât generațiile dinainte, dar poți explica tot mai puțin de ce tragi atât de tare. Cărui scop îi servește munca ta epuizantă? Ai căzut de bunăvoie în „capcana omului ocupat", pe care autorul Tim Kreiner o descrie atât de elocvent: „A fi ocupat servește ca un fel de asigurare existențială, ca un mijloc de protecție împotriva vidului; evident, viața ta nu poate fi absurdă sau banală sau fără sens dacă ești atât de ocupat, complet prins, solicitat în fiecare oră din zi"[8]. Faci tot ce poți ca să rămâi ocupat și să păstrezi acest sentiment al urgenței pentru a evita plictiseala și amenințarea de a fi singur cu gândurile tale. Oamenii par dispuși să urmeze orice scop prescris de cei cu autoritate pentru a evita să se gândească ce ar dori ei înșiși cu adevărat să facă cu viețile lor. Asta explică ciudățenia existenței moderne pe care a observat-o filozoful Iddo Landau: „Mulți oameni chibzuiesc toată seara la ce restaurant sau la ce film să meargă mai mult decât se gândesc într-o viață întreagă cum ar putea da mai mult sens propriei vieți"[9].

Pentru a trăi o viață pe care singur ți-ai ales-o, pentru a-ți conduce propria barcă, trebuie să ai o idee clară despre direcția în care vrei s-o apuci. În acest scop, ai nevoie de câteva valori esențiale care să te ajute să faci față provocărilor vieții. Iar *în acest scop* trebuie să-ți faci timp să reflectezi serios și să-ți pui întrebări despre opțiunile pe care le ai în viață și să înfrunți orice îndoială existențială care poate persista dincolo de nivelul superficial al vieții. Există un șir lung de gânditori celebri – de la Lev Tolstoi și Thomas Carlyle la Simone de Beauvoir și de la Søren Kierkegaard la Alan W. Watts – care au descoperit că doar înfruntând absurditatea vieții și acceptând insignifianța existenței te poți elibera pentru a găsi un sentiment mai solid al sensului în propria viață. Această carte oferă o nouă cale de a medita la semnificația vieții, care ni se adresează tuturor, astfel încât, indiferent de locul în care ne aflăm din punct de vedere cultural, religios etc., vom fi îndrumați spre o viață mai împlinită, mai încărcată de sens.

Vreau să te ajut să ai o existență mai plină de sens. După un deceniu de cercetări în filozofia, psihologia și istoria sensului vieții, mi-am dat seama că e mai ușor decât ai crede să identifici ceea ce dă semnificație vieții. De fapt, există probabil o bogăție de sensuri în viața ta dacă ești deschis să le vezi și să le intuiești. Motivul pentru care totul pare adesea o ghicitoare imposibilă și chinuitoare este că noi, cultura noastră, am continuat să folosim modele vechi pentru a reflecta la această problemă, modele care nu mai au nici o logică. Schimbând modul de gândire, vei ajunge să vezi că răspunsurile pe care le cauți pot fi găsite în viața ta de fiecare zi. Această carte explică în primul rând de ce oamenii caută semnificația, examinează greșeala istorică prin care a luat naștere anxietatea existențială modernă și îți oferă căi ușor de urmat care duc la o existență mai încărcată de sens. Unele perspective pot părea ciudate, altele pot fi evidente, iar pe altele poate că le-ai adoptat deja. Împreună totuși ele urmăresc să-ți ofere o bază solidă și stabilă pentru a-ți construi o existență împlinită, pozitivă și mai plină de sens.

Nu ai ales să te naști. Nimeni nu ți-a cerut permisiunea de a fi implicat. Nimeni nu ți-a dat un manual de instrucțiuni, și totuși iată-te, aruncat în lumea în care trebuie să acționezi, să faci ceva cu sens din timpul limitat al existenței care ți-a fost acordat.[10] Și n-ar fi rău să rezolvi rapid, înainte să fie prea târziu. Așa cum spune personajul lui Edward Norton, naratorul, în filmul *Fight Club*: „Asta-i viața ta și se scurge minut cu minut“*.

---

* Chuck Palahniuk, *Fight Club*, trad. Dan Croitoru, Polirom, Iași, 2004, p. 32 (n. tr.).

PARTEA ÎNTÂI

DE CE CAUTĂ OAMENII SENSUL VIEȚII

1. Ridică-te deasupra absurdității vieții

„Se întâmplă ca decorurile să se prăbușească. Trezire, tramvai, patru ore de birou sau de uzină, masă, tramvai, patru ore de muncă, masă, somn și luni, marți, miercuri, joi, vineri, sâmbătă în același ritm – iată un drum pe care îl urmăm cu ușurință aproape tot timpul. Dar într-o zi ne pomenim întrebându-ne «pentru ce?» și totul începe odată cu această oboseală uimită." —Albert Camus, *Le mythe de Sisyphe*, 1942*

Viața este absurdă, iar asta e OK. Nimeni nu a scris mai elocvent despre acest lucru decât Albert Camus în *Mitul lui Sisif*[11]. Titlul cărții, o scriere clasică în literatura existențialistă, derivă din legenda lui Sisif, personajul antic grec căruia, după ce i-a sfidat pe zei, i se aplică o pedeapsă veșnică: este condamnat pentru totdeauna să împingă un bolovan în sus pe munte, doar ca să-l vadă rostogolindu-se la vale din nou și să-l împingă apoi în sus, la nesfârșit. Camus l-a considerat pe Sisif un erou al absurdului, un fel de Phil Connors al mitologiei grecești. Phil Connors este un meteorolog fictiv de televiziune din Punxsutawney, Pennsylvania, din filmul *Ziua cârtiței*, care a încercat orice, inclusiv sinuciderea, pentru a întrerupe monotonia existenței sale banale. Totuși, fără greș, Connors se trezește pe aceeași melodie de la radio, în același oraș, destinat să urmeze aceeași traiectorie fără sens a vieții sale. Spune: „Am fost odată în Insulele Virgine. Am cunoscut

---

* Albert Camus, *Mitul lui Sisif*, trad. Irina Mavrodin, în Albert Camus, *Fața și reversul. Nunta. Mitul lui Sisif. Omul revoltat. Vara*, RAO, București, 1994, p. 111 (n. tr.).

o fată. Am mâncat homar, am băut *piña colada*. La apus, am făcut dragoste ca vidrele de mare. A fost o zi tare bună. De ce nu pot trăi ziua aia mereu și mereu?" Cine dintre noi nu poate înțelege acest sentiment? Chiar și într-o zi bună, viețile noastre par adesea blocate pe o buclă fără sfârșit.

Desigur, ca autor al propriei vieți, ești puternic implicat. Totuși, ocazional, poți descoperi că, din punctul de vedere al Universului, viața ta este măruntă, accidentală și nu are nici o valoare specială. Discrepanța dintre *sentimentul* că viața ta este foarte importantă și *înțelegerea* faptului că e posibil să nu poți justifica acel sentiment este noțiunea de absurd. Filozoful Todd May o numește „conflictul între nevoia noastră de sens și refuzul Universului de a ni-l da"[12]. Este dilema ce apare când nu poți explica de ce acțiunile tale merită întreprinse sau de ce viața ta merită trăită. Asta se întâmplă când pierzi legătura cu un cadru – personal, familial, social – care îți poate spune ce este cu adevărat valoros.

Este ceea ce se întâmplă tot mai mult în cultura occidentală. În renumita sa analiză asupra societății americane, *Habits of the Heart*, sociologul Robert Bellah observă cum peisajul moral al americanilor moderni a fost redus la preferințele indivizilor egoiști, astfel încât, de fapt, scopurile supreme ale unei vieți bune au devenit o „chestiune de alegere personală"[13]. Oamenii nu mai simt că ar fi ghidați de un cadru cultural solid. În loc *să știi* cum să trăiești, te simți obligat *să alegi* cum să trăiești. După cum spunea Jean-Paul Sartre, „totul este permis dacă Dumnezeu nu există"[14].

Să ne gândim la un Sondaj Gallup Internațional din 2007 care a chestionat peste 140.000 de persoane din 132 de țări diferite. Printre numeroasele întrebări era și aceasta: „Crezi că viața ta are un scop sau un sens important?" Când fericirea sau satisfacția în viață este examinată pe o scară internațională largă, cercetătorii ajung de obicei mereu la aceleași rezultate: națiunile mai bogate – măsurate prin produsul intern brut pe cap de locuitor – tind să aibă cetățeni mai fericiți decât națiunile mai sărace.[15] Opusul a fost totuși adevărat când cercetătorii au comparat răspunsurile la această întrebare din Sondajul Gallup. În timp ce 91 % dintre oamenii din întreaga lume au găsit un sens în viața lor, membrii națiunilor mai bogate, precum Regatul Unit, Danemarca, Franța și Japonia, au fost cei mai înclinați să spună că viața lor *este lipsită* de scop sau semnificație, în vreme ce în națiunile mai sărace, precum Laos, Senegal și Sierra Leone, aproape toți au considerat că viața lor *are* un sens.[16] Țările mai bogate, în care lipsa sensului era ceva mai des întâlnit, au fost și țările cu rata mai ridicată a sinuciderilor.

Pentru majoritatea dintre noi, disconfortul existențial este un val care trece peste noi rapid, dar distinct, lăsând în urmă impresia, sentimentul că poate viața nu este tot ce ar trebui să fie, și atunci sună ceasul deșteptător. Este o altă zi și o iei iarăși repede din loc. E un bolovan, la urma urmei, care trebuie împins în sus. Dar există o altă cale. E posibil să construiești o concepție despre lume care poate face față provocării absurdului, care nu numai că e compatibilă cu ceea ce ne spune știința modernă despre Univers și locul oamenilor în cadrul lui, ci are și un sentiment al valorii justificate, al sensului vieții și al fericirii durabile. Dar mai întâi să analizăm direct noțiunea de absurd pentru a înțelege mai bine cum distruge ea iluzia unui sentiment măreț, cosmic al semnificației. Doar atunci poți începe să faci progrese reale spre eliberarea personală.

2. Ești, la nivel cosmic, insignifiant, efemer și arbitrar – iar asta e OK

„Revelațiile secolului nostru privind imensitatea incredibilă și micimea inimaginabilă, întinderile abisale ale erei geologice când noi nu eram nimic, galaxiile fără număr și comportamentul subatomic nedefinit, un fel de violență matematică dementă din inima materiei, ne-au marcat mai adânc decât credem.“ —John Updike, *Critical Essay on Evolution*, 1985

Absurdul, așa cum s-a arătat, se referă la modul în care Universul nu oferă genul de semnificație pe care îl aștepți de la el. Un model de gândire începe destul de inofensiv, apoi sapă adânc, sfâșie cortina existenței și, deodată, ajungi față în față cu absurditatea vieții. De obicei, întâlnești absurdul în trei feluri: ajungi să înțelegi că viața pare (1) insignifiantă, (2) efemeră sau că (3) toate valorile și scopurile din cadrul ei par arbitrare.[17] Să analizăm mai atent acești „trei călăreți ai absurdității“, deoarece o privire sănătoasă în prăpastie e necesară pentru a identifica drumul spre cealaltă margine a sa.

Despre insignifianță

„Privește din nou acel punct. E aici. E acasă. Suntem noi. Pe el, toți cei pe care îi iubești, toți cei pe care îi cunoști, toți cei de care ai auzit vreodată, toate ființele omenești care au existat vreodată și-au trăit viața... pe un fir de praf suspendat într-o rază de soare."

—Carl Sagan, 1994, despre ultima fotografie a Pământului făcută de Voyager 1 înainte de a părăsi sistemul solar

Dacă vârsta Universului – cam paisprezece miliarde de ani – ar fi măsurată în douăzeci și patru de ore, momentul în care specia noastră și-a început evoluția ar fi cu cincisprezece secunde înainte de miezul nopții. Viața noastră s-ar încheia într-o fracțiune de secundă. Problema a ceea ce este semnificativ din perspectiva Universului poate fi extrem de stimulatoare, dar derutantă din punct de vedere existențial: cum ar trebui să-ți dai seama ce valoare atribuie cosmosul – planetele și galaxiile, încărcate de stele strălucitoare fără număr și sisteme solare impresionante – oricărui lucru, deci și vieții tale? După cum scrie astrofizicianul american Neil deGrasse Tyson: „Universul nu are nici o obligație să aibă sens pentru tine"[18], o idee care ar fi hilară dacă nu ar fi adevărată.

Nu a fost mereu așa: strămoșii noștri credeau că Pământul este centrul Universului. Omul se afla în centrul atenției lui Dumnezeu, și invers. În miturile creației din majoritatea culturilor, omul juca un rol principal în piesa cosmică a existenței. Blestemul de a trăi în secolul XXI, având cunoștințe de astrofizică, cosmologie și din alte științe, este că știm prea multe. Astăzi avem informații științifice solide, dovedite despre proporțiile cosmice și vastele epoci istorice care au precedat propria noastră existență, informații care au dus inevitabil la concluzia exprimată de filozoful Thomas Nagel: „Suntem puncte minuscule în vastul Univers infinit“[19].

Despre caracterul efemer

„Cine a mai pierdut o dată un lucru pe care îl socotea garantat... învață până la urmă că nimic nu-i aparține.“ —Paulo Coelho, *Onze minutos*, 2003*

Ca ființă trecătoare, sălășluiești într-un corp care îmbătrânește, se îmbolnăvește și, în final, moare și se dezintegrează. Moartea nu este totuși singura componentă a vremelniciei. Natura însăși a vieții în sine – starea noastră de bine, fizică, emoțională și intelectuală – este efemeră. Totul se schimbă și se transformă de la o clipă la alta. Budiștii sunt deosebit de receptivi la ideea de efemeritate, *anicca*, pe care o consideră una dintre cele trei caracteristici de bază ale existenței, aceea prin care se admite că întreaga viață este evanescentă, într-o continuă mișcare, și că până la urmă se stinge. Nu trebuie totuși să fii budist ca să te confrunți cu ideea caracterului efemer al lucrurilor. Ea este gaura de vierme a absurdului; e tentant să conchidem că nu merită călătoria dacă e sigur că ea însăși se încheie.

---

* Paulo Coelho, *Unsprezece minute*, trad. Pavel Cuilă, Humanitas, București, 2003, p. 34 (n. tr.).

Despre arbitrar

„Fii drept și, dacă nu poți fi drept, fii arbitrar." —William S. Burroughs, *Naked Lunch*, 1959*

Arbitrarul vieții gravitează în jurul ideii că scopurile, obiectivele și valorile noastre sunt lipsite de orice justificare finală.[20] Luăm foarte în serios câteva valori și principii de viață – lăsându-le până la urmă să ne ghideze alegerile și acțiunile. Dar sunt justificate în ultimă instanță aceste valori deosebite, sau sunt simple preferințe pe care am ajuns să le susținem în mod arbitrar? Deși am prefera ca valorile noastre să-și aibă oarecum rădăcinile în Univers, am devenit tot mai conștienți că Universul ca atare nu conține valori și nici nu are vreo părere despre ale noastre. Teoria relativității a lui Einstein nu are nimic de spus despre motivul pentru care ceva trebuie să aibă semnificație sau valoare. Universul fizic este indiferent.

Viața, ca un ansamblu distinct de materie capabilă să-și reproducă forma, a apărut în mod arbitrar pe scena cosmică într-un anumit moment al istoriei Universului. Dar nu a generat valori obiective. Valorile sunt o invenție inerent umană și, în fond, singurul lucru care separă valorile umane de preferințele animale este faptul că primele sunt mai mult un atribut al gândirii și pot fi exprimate prin limbaj. Când te uiți la cerneala de pe hârtie, vezi automat litere și cuvinte. Însă cerneala e doar cerneală. Literele există doar în mintea ta, prin interpretarea ta. La fel e cu valorile. Nu există nimic în spatele valorilor tale

---

* William S. Burroughs, *Prânzul dezgolit*, trad. Sorin Ghergut, Paralela 45, Pitești, 2002, p. 57 (n. tr.).

în sine. Ele există pentru că tu și cei din jurul tău le susțineți ca atare.

Tot mai mulți oameni își văd scopurile și valorile din viață ca pe ceva care poate fi ales liber de oricine pentru sine însuși. Însă acest lucru este îngrijorător, fiindcă, dacă toate scopurile și valorile tale țin de alegerea ta individuală, atunci nimic nu pare să merite, în ultimă instanță, mai mult decât orice altceva. Dacă e nevoie de o justificare permanentă și finală pentru ca acțiunile tale să merite, noi, ca societate, se pare că am pierdut legătura cu ea.

Fără cale de întoarcere

Posibilitatea ca tu să fii o ființă insignifiantă, efemeră și arbitrară care plutește pe un punct albastru-deschis din Univers poate semăna cu o viziune sumbră asupra existenței. Cum probabil nu umbli de ici-colo contemplând zilnic absurdul, putem spune că meditația asupra acestuia lasă o impresie durabilă. După cum scrie Lev Tolstoi în *Spovedanie*: „Nu poți înceta să știi ceea ce știi“[21]. Odată ce ai descoperit că e posibil să nu existe nici o valoare cosmică inerentă în viața omului, nu poți uita asta niciodată în totalitate. Cum nu este cale de întoarcere, singura direcție e înainte. Din fericire, există un mod de a lupta, de a crea și de a trăi cu bucurie în ciuda acestei conștientizări. Ai la dispoziție mijloace pentru a crea o viață mai plină de sens chiar aici, chiar acum, după cum va demonstra cartea aceasta.

În loc să se confrunte fățiș cu situația, majoritatea oamenilor aleg totuși drumul ocolit și se răsfață cu metode foarte sofisticate care le distrag atenția. Au apărut astfel industrii întregi: dacă nu vrei să ai de-a face cu absurdul, există un milion de căi diferite de a-ți întreține refuzul și de a te lăsa în voia sa – de la selfie-uri și like-uri pe Facebook până la divertismentul care poate fi descărcat instantaneu și terapia prin shopping. În consecință, a trăi cu conștiința supărătoare a faptului că viața poate fi lipsită de sens în plan cosmic adesea nu echivalează cu o negare explicită a sensului, ci antrenează mai degrabă vagi senzații de disconfort, defensivă și nesiguranță privind propria viață, țelurile și valorile personale. Atâta timp cât lucrurile îți merg bine în viață, poți reuși să-ți suprimi îndoielile existențiale. Dar când lucrurile se năruie – relații, sănătate personală, carieră, prosperitate – și când ai beneficia cel mai mult de un cadru de susținere stabil, care să dea sens suferinței, poți deveni acut de conștient de instabilitatea și imperfecțiunea valorilor tale. De aceea, distragerea atenției nu este o strategie bună pe termen lung pentru problemele existențiale.

Dintre numeroasele distrageri pe care cultura noastră le-a creat pentru a umple golul, poate că ideologia prevalentă este că ai nevoie să fii fericit. Dar urmărirea fericirii conține un paradox, așa cum vom descoperi în capitolul următor.

3. Fericirea este un scop în viață modest

„Fericiți sunt doar aceia (gândeam eu) care au mințile fixate asupra unui alt scop decât propria lor fericire; asupra fericirii altora, asupra progresului omenirii, chiar asupra vreunei meserii sau îndeletniciri, urmate nu ca un mijloc, ci ca un scop ideal ele însele. Țintind astfel la altceva, ei găsesc fericirea pe drum." —John Stuart Mill, *Autobiography*, 1873*

Întrucât am pierdut legătura cu genul de narațiune care potolea odinioară setea de semnificație a strămoșilor noștri, am psihologizat și am redus existența umană la un simplu model prin care se evită durerea și se urmărește plăcerea. Fericirea a umplut spațiul ocupat anterior de valorile transcendentale, ca unic scop în viață pentru care merită să lupți. Prin urmare, fericirea a devenit unul dintre cele mai notabile țeluri ale vieții în cultura occidentală modernă. E și o afacere importantă: dacă în anul 2000 s-au publicat doar cincizeci de cărți pe această temă, peste opt ani numărul lor a crescut la aproape patru mii.[22] Astăzi, corporațiile de top angajează responsabili cu fericirea, care asigură starea de bine a angajaților, iar diverse produse, de la băuturile nealcoolice la parfumuri, sunt scoase pe piață ca o promisiune de fericire îmbuteliată.

Chiar și guvernele acordă tot mai multă atenție subiectului. *World Happiness Report* (Raportul Internațio-

* John Stuart Mill, *Autobiografie*, trad. Constantin Sfeatcu, Incitatus, București, 2003, p. 99 (n. tr.).

nal privind Fericirea), care clasifică aproximativ 156 de țări în funcție de cât de fericiți se consideră cetățenii lor, a fost publicat prima oară în 2012 și a devenit de atunci un eveniment anual foarte așteptat. Din anii 1970, micul regat himalaian Bhutan susține că scopul guvernului său este să crească Fericirea Națională Brută, nu Produsul Intern Brut. Oriunde te uiți, articolele din reviste, cărțile, cântecele, campaniile publicitare și de marketing, precum și studiile academice sunt dedicate acestui subiect. Poți spune că azi concepția egalitară de fericire „simte-te-bine-acum" a devenit o obsesie, urmărirea sa fiind promovată nu doar ca un drept individual, ci ca o responsabilitate individuală.

Derivat din termenul englez medieval *hap*, care însemna „noroc" sau „șansă", *happiness* („fericire") se referea inițial mai mult la un destin favorabil și la lucruri care ies bine decât la o stare interioară de bine.[23] De la italiană până la suedeză, marea majoritate a cuvintelor europene pentru „fericit" însemnau inițial „norocos", inclusiv în finlandeză, unde cuvântul pentru fericire, *onnellisuus*, derivă din același cuvânt ca *onnekkuus*, care înseamnă „a avea noroc". Germanii au dat lumii *Glück*, care până în ziua de azi înseamnă și „fericire", și „șansă". În contextul acestor definiții originare, fericirea a fost înțeleasă ca fiind ceva mai apropiat de *happenstance* („întâmplare"), datorită faptului că nu putea fi controlată; rămânea în mâinile zeilor sau în voia sorții sau, așa cum spune călugărul din *Povestirile din Canterbury* de Chaucer, a Fortunei: „Așa dă soarta-n câte cineva și / Hrănindu-l după dulce cu amar"[24]. Fortuna, cu *F* mare*, a fost lucrarea mâinii lui Dumnezeu, o forță inexplicabilă,

* În original, „And thus does Fortune's wheel turn treacherously / And out of happiness bring men to sorrow" (n. tr.).

complet independentă de acțiunile și de starea emoțională a omului. Această concentrare pe împrejurările exterioare reflecta o cultură în care oamenii erau mult mai puțin interesați de sentimentelor lor interioare decât suntem noi azi.[25]

În secolele al XVII-lea și al XVIII-lea, noțiunea de fericire a început să treacă lent de la sensul de prosperitate exterioară la cel de sentiment interior sau stare fizică.[26] Atunci când Thomas Jefferson a redactat celebrul pasaj din Declarația de Independență despre „viață, libertate și căutarea fericirii", ce a vrut el să spună prin „fericire" se pare că avea încă nuanța de prosperitate. De atunci, fericirea a ajuns să se refere mai mult sau mai puțin la un sentiment interior pozitiv sau la o tendință de a-ți trăi viața în termeni pozitivi.

Împreună cu această nouă definiție, s-a conturat o altă descoperire importantă: a apărut ideea că oamenii *trebuie* să fie fericiți, că fericirea e ceva care merită să fie urmărit în viață.[27] La început, fericirea era considerată scopul societății, așa cum a fost codificată, de exemplu, în Declarația de Independență a Statelor Unite. Dar, mai ales începând cu anii 1960, societățile occidentale au perceput tot mai mult fericirea ca pe un țel și o responsabilitate individuale. Drept urmare, a fi fericit a devenit o normă culturală și un scop neîndoielnic al vieții.[28] Dorim să fim fericiți deoarece cultura noastră ne spune că trebuie să fim fericiți. Am dobândit o moralitate în care calitatea unei persoane e măsurată prin cât de bine se simte respectiva persoană. Fericirea a devenit vaca sfântă a epocii noastre, un ideal pentru care trebuie să ne luptăm.

Dar iată problema: fericirea e doar un sentiment.[29] Este o bogăție de emoții pozitive sau un sentiment general al satisfacției față de condițiile și experiențele din propria viață. Și, cum e bine să ai în viață mai multe experiențe plăcute decât neplăcute, fericirea, în sine, nu va oferi un sentiment de durată al sensului vieții și nici nu este un mod de a evita disconfortul existențial.

În multe părți ale lumii, fericirea nu e urcată pe un piedestal. Am avut odată o lungă discuție pe acest subiect cu un profesor chinez de psihologie, care mi-a explicat că, pentru generația părinților săi, a fi fericit în plan personal nu era un obiectiv. Dimpotrivă: a fi nefericit în plan personal era considerat o distincție. Arăta sacrificiile pe care le-a făcut cineva pentru familia sa ori pentru națiune. Iar aceste sacrificii erau percepute ca având mai multă valoare decât trecătorul sentiment de fericire. Ca un ecou la asta, un studiu din 2004 le-a cerut unor studenți americani și chinezi să scrie scurte eseuri ca răspuns la întrebarea: „Ce este fericirea?“[30] Mulți studenți americani au subliniat importanța fericirii ca țel suprem în viață, în timp ce, invers, asemenea afirmații hotărâte privind valoarea fericirii și urmărirea ei au lipsit complet din scrierile studenților chinezi. Astfel încât primul lucru de observat în legătură cu fericirea este că ea nu reprezintă un țel evident, iar importanța sa diferă de la o cultură la alta.

Al doilea, a avea fericirea ca scop în viață poate fi lesne contraproductiv și poate diminua fericirea pe care o ai deja. Pentru cartea sa *The Geography of Bliss*, Eric Weiner a intervievat o femeie pe nume Cynthia, care, dorind să se așeze la casa ei, a luat o hartă și a decis să calculeze unde ar fi cea mai fericită.[31] Voia să trăiască într-un loc cu o viață culturală bogată, cu restaurante suficient de bune și situate în apropierea naturii, de preferat a munților. A ales până la urmă Asheville, Carolina de Nord, un oraș mic, cultural, înconjurat de munți și natură. Dar, când

Weiner a întrebat-o pe Cynthia dacă ea consideră Asheville căminul său, a ezitat. Asheville aproape că îndeplinea toate criteriile ei, dar tot nu era varianta optimă. Continua să caute. Deși a locuit în Asheville trei ani, îl considera „căminul de acum". Weiner observă că aceasta este „problema cu rătăcitorii hedoniști precum Cynthia și cu mulți dintre noi, americanii, și permanenta noastră căutare a fericirii. Putem fi perfect fericiți acum, dar există mereu un mâine și perspectiva unui loc mai fericit, a unei vieți mai fericite. Astfel încât toate variantele rămân valabile. Nu ne angajăm niciodată complet". Și adaugă: „Asta este, cred eu, ceva periculos. Nu putem iubi un loc sau o persoană dacă suntem mereu pe picior de plecare"[32].

În dorința lor de a obține maximum de fericire din toate împrejurările vieții, oamenii pe care Weiner i-a intervievat nu se puteau angaja în nimic, deoarece își pierduseră capacitatea de a se bucura de viață așa cum este ea. Și acesta nu e în nici un caz singurul exemplu de cât poate fi de contraproductivă căutarea fericirii. Nu numai că cercetările psihologice demonstrează că oamenii cei mai dedicați maximizării propriei fericiri sunt cel mai puțin capabili să se bucure de viață[33], dar o concentrare exclusivă pe fericirea personală poate deteriora și relațiile sociale, care sunt adesea adevărata sursă a fericirii[34]. În sfârșit, norma culturală predominantă că toți trebuie să fie fericiți face de fapt și mai dificilă tolerarea inevitabilelor momente nefericite ale vieții.[35] A te simți nefericit devine astfel o dublă povară: nu doar că te simți nefericit, dar te simți și vinovat că nu ai reușit să te ridici la înălțimea normei culturale conform căreia trebuie să fii fericit tot timpul.

Dar dacă fericirea nu e genul de scop central al vieții care credem noi că este? Prețuim multe lucruri – iubirea, prietenia, realizările și capacitatea de a ne exprima pe noi înșine – nu pentru că aduc sentimente pozitive, ci pentru că ne îmbogățesc viața ca atare și le considerăm importante prin ele însele.[36] Virtutea prieteniei, de exemplu, nu poate fi redusă la cantitatea de emoții pozitive ce rezultă din acea prietenie. Valoarea adevăratei prietenii este vizibilă mai ales în clipele grele ale vieții, când prietenul îți este, de exemplu, grav bolnav sau trece printr-o criză și are nevoie de sprijin. Ne prețuim prietenii și în vremurile grele, știind că ajutorul nostru ne îmbogățește reciproc viețile chiar și atunci când nu e totul lapte și miere. Oamenii sunt complecși; ne interesează în viață mai mult decât simpla prezență sau absență a sentimentelor pozitive.[37] Fericirea este o experiență plăcută, dar a face din ea unicul țel al vieții este o insultă pentru bogăția a ceea ce oamenii prețuiesc de fapt în viață.

Acestea fiind spuse, este greu să renunți la ideea de fericire ca scop în viață, deoarece cultura noastră abundă în mesaje care ne amintesc că trebuie să fim fericiți. Deschide televizorul – mai ales în timpul reclamelor –, și vei vedea că există o întreagă industrie a oamenilor zâmbitori, sănătoși, frumoși, care vând fericire sub formă de bun ambalat. Nu te lăsa păcălit de acești falși profeți. Nu sacrifica lucrurile bune din viață în speranța vană de a deveni mai fericit. Fericirea este doar un sentiment. Asta e. Un produs secundar în încercarea de a ajunge la ceva valoros, mai degrabă decât adevărata valoare în sine. În consecință, căutarea fericirii personale este un răspuns neinspirat la întrebarea privind ce poate da cu adevărat valoare și sens vieților noastre.

Fericire și heavy metal: e complicat

„Vreau să subliniez faptul că Finlanda are poate cele mai multe formații heavy metal pe cap de locuitor din lume, și ocupă un loc bun în clasament și în sistemul de guvernare. Nu știu dacă este vreo legătură.“ —Președintele Barack Obama, Summitul Nordic din 2016

Atât în 2018, cât și în 2019, *World Happiness Report* a clasat Finlanda ca fiind cea mai fericită țară din lume.[38] Ori de câte ori se măsoară satisfacția generală în viață, în toată lumea, Finlanda și celelalte țări nordice, Suedia, Norvegia, Danemarca și Islanda, se clasează toate printre primele zece, ocupând locul întâi și pentru relativa lor stabilitate, siguranță și libertate. Cu temperaturi care scad în mod regulat sub punctul de îngheț și cu unele orașe învăluite într-un întuneric permanent întreaga iarnă, ce motive au finlandezii să fie fericiți? Multă muzică heavy metal, după cum se dovedește.

Heavy metal are o reputație proastă, dar nu în Finlanda. Dacă muzica pop amintește de verile pline de iubire, heavy metal e vărul sumbru. Țară cunoscută pentru iarna ei mohorâtă și rece, Finlanda are mai multe formații heavy metal pe cap de locuitor decât oricare alta din lume – circa șaizeci și trei la suta de mii de locuitori.[39] În Finlanda, heavy metal e rege, dominând deopotrivă stațiile de radio tradiționale și barurile locale de karaoke. Numărându-se printre artiștii finlandezi cel mai bine vânduți din toate timpurile, formația Children of Bodom este regele regilor, cu spectacole *sold-out* peste tot, din Helsinki până la Rio de Janeiro. Interesant e că o țară cu un număr impresionant de fani fericiți ai heavy metal are propriile contradicții, care se leagă direct de datele privind fericirea și depresia.

Bazându-se pe sondajele internaționale Gallup, *World Happiness Report* din 2019 le-a cerut locuitorilor din 156 de țări „să-și aprecieze viața de azi pe o scară de la 0 la 10, cea mai proastă viață posibilă cu 0 și cea mai bună viață posibilă cu 10“[40]. Este întrebarea la care finlandezii oferă, în medie, cele mai înalte scoruri din lume. Poziția Finlandei nu este, de fapt, deloc o surpriză, deoarece, comparativ cu alte țări, Finlanda excelează în propunerea și promovarea genului de factori sociali care, știm din diverse cercetări, sunt importanți pentru sentimentul de satisfacție în viață al oamenilor: eliberarea de lupta zilnică pentru câștigarea existenței, servicii sociale complexe, eliberarea de oprimare și încrederea în guvern.[41]

Totuși, fericirea presupune mai multe pe lângă satisfacția în viață. Unii consideră că ține mai mult de emoțiile pozitive. Dar, când analizezi câtă emoție pozitivă trăiesc oamenii, lucrurile se schimbă drastic, și deodată țări ca Paraguay, Guatemala și Costa Rica sunt cele mai fericite locuri de pe Pământ.[42] Finlanda coboară mult în clasament, ceea ce nu e de mirare, din cauza bine-cunoscutei reputații a finlandezilor de oameni modești, smeriți, care nu își etalează ușor emoțiile. Există o veche glumă că un finlandez introvertit își privește pantofii când îți vorbește, iar un finlandez extrovertit îi privește pe ai tăi.

Lucrurile se complică și mai mult când analizăm prevalența depresiei în diferite țări. În unele comparații privind prevalența pe cap de locuitor a tulburărilor afective unipolare, țări precum Statele Unite și Finlanda se regăsesc aproape în fruntea clasamentului.[43] Deși există neajunsuri semnificative în comparațiile internaționale privind depresia, iar alte studii indică faptul că ratele de depresie din Finlanda sunt mai aproape de media europeană[44], este clar că Finlanda e departe de a se afla pe primele locuri în prevenirea depresiei. În mod paradoxal deci, aceeași țară poate fi plasată în vârful clasamentului atât în ceea ce privește satisfacția în viață, cât și depresia.

Ideea e, în esență, că nu există un singur lucru numit fericire. Viețile emoționale ale oamenilor sunt complexe. Satisfacția în viață e diferită de emoțiile pozitive, care sunt diferite de absența emoțiilor negative și a depresiei. Dacă fericirea reprezintă prevalența emoțiilor pozitive (ca să nu mai vorbim de etalarea lor), Finlanda nu este țara cea mai fericită. Dacă fericirea înseamnă absența depresiei, Finlanda nu este țara cea mai fericită. Dar, dacă fericirea se referă la o satisfacție generală privind condițiile de viață, atunci Finlanda, împreună cu alte țări nordice, poate foarte bine să fie cel mai fericit loc de pe Pământ.

În plus, ar fi superficial să nu ținem seama de importanța muzicii heavy metal asupra stării de bine a finlandezilor. Pentru o țară care se mândrește cu natura smerită a locuitorilor săi, muzica heavy metal vine în contradicție cu această reținere caracteristică și oferă o eliberare cathartică. Oferă și un canal de exprimare a sentimentelor negative, de exteriorizare a lor în locul încercării de a le reprima. De fapt, acest lucru poate fi mai important decât credem adesea. Pentru o stare emoțională de bine, e de preferat să putem trăi o varietate de emoții. Reprimarea așa-numitelor emoții negative – precum furia cathartică prezentă în multe melodii heavy metal – este rareori o idee bună și duce adesea în mod paradoxal la o stare de bine limitată.[45] O cultură ce reprimă și nu tolerează exprimarea emoțiilor negative e dăunătoare și poate avea un efect nociv asupra stării de bine a oamenilor. În consecință, este important să ai un mod în care să-ți exprimi întreaga gamă a emoțiilor. Iar heavy metal poate fi o cale excelentă de a le exterioriza. Întrebarea este: dacă un fan heavy metal strigă într-o pădure acoperită de zăpadă, îl va auzi cineva? Auzit sau nu, va fi probabil într-o mai bună legătură cu el însuși și cu emoțiile sale decât vărul lui crispat care afișează constant un zâmbet forțat.

Nu e vorba de bani

Oamenii fac adesea greșeala de a identifica fericirea cu reușita financiară. Acest mod de a gândi servește doar agențiilor de publicitate și corporațiilor care vând tocmai produsele pe care le socotești a fi cheia fericirii personale. Cercetările arată că doar în partea de jos a scării veniturilor banii au un impact semnificativ asupra sentimentelor de fericire. Oamenii care nu-și pot plăti chiria sau hrana sau cheltuielile de bază raportează o stare de bine mult mai redusă decât cei care pot. În aceste cazuri, venitul suplimentar joacă un rol foarte important. Odată ce nevoile de bază sunt satisfăcute totuși, banii au un efect direct tot mai mic asupra fericirii.[46] Mai multe studii au indicat că, dincolo de un anumit punct pe scara veniturilor, ei ajută doar puțin sau nu ajută deloc, un studiu recent descoperind chiar că, dincolo de un anumit punct, de fapt, emoțiile pozitive ale oamenilor și satisfacția în viață încep să scadă.[47]

În America de Nord, asta se întâmplă la nouăzeci și cinci de mii de dolari pentru satisfacția în viață și la șaizeci de mii de dolari pentru emoțiile pozitive. În Europa Occidentală, punctul de cotitură este la o sută de mii de dolari/cincizeci de mii de dolari, în timp ce în Europa de Est este la patruzeci și cinci de mii de dolari pentru satisfacția în viață și la treizeci și cinci de mii de dolari pentru emoțiile pozitive. În plus, deși multe națiuni industrializate au realizat câștiguri financiare semnificative, asta nu a condus la mai multă fericire, iar psihologul social american Jonathan Haidt, care a sintetizat rezultatele, scrie: „Odată cu dublarea sau triplarea nivelului veniturilor din ultimii 50 de ani în majoritatea țărilor industrializate, nivelurile de fericire și de satisfacție în viață raportate de locuitorii acestora nu s-au schimbat, depresia devenind în schimb o afecțiune mai frecventă"[48]. Când oamenii se adaptează la un nou standard de prosperitate, fericirea lor inițială se risipește; noile facilități devin normă și, cu timpul, sunt socotite de la sine înțelese, cel puțin până când următorul dispozitiv sau obiect de lux, cel mai nou și mai grozav, apare pe piață și toată lumea se grăbește să-l caute.

La un nivel superficial, cei mai mulți dintre noi pot probabil să dezaprobe consumismul și materialismul ca scop în viață. Când suntem întrebați, indicăm de obicei ceva mai important ca sursă de motivație. Dar sub această pojghiță se află adesea o altă poveste. Deși poate că ne vine greu să recunoaștem, mulți dintre noi suntem dependenți de rutina hedonistă, în care promisiunea fericirii este mereu puțin inaccesibilă. Așa cum scrie Chuck Palahniuk în *Fight Club*: „Ai o categorie de femei și bărbați tineri și puternici și toți vor să-și dea viața pentru ceva. Publicitatea îi face pe acești oameni să alerge cu limba scoasă după mașini și haine de care nu au nevoie. Generații întregi au acceptat niște slujbe pe care le urau din tot sufletul doar ca să poată să-și cumpere tot ce nu aveau nevoie"[49].

Industria advertisingului este o mașină de propagandă de două miliarde de dolari[50] care are un singur scop: să facă astfel încât viața ta actuală să ți se pară inadecvată. Să te facă să simți că ceea ce ai acum nu e destul. Consumismul se oprește în clipa când devii mulțumit de viața ta, când poți spune: „Nu am nevoie de nimic. Am deja tot ce-mi doresc". Acesta este genul de stare spre care multe doctrine religioase, de la creștinism la budism, încearcă să ne îndrepte. Dar în această epocă seculară convingerea este că e mai bine să cheltuiești miliarde de dolari pe mesaje care împiedică pe oricine să atingă acea stare.

Astăzi, mai mult decât oricând înainte, ni se prezintă atât de multe tipuri diferite de produse concurente, încât este tentant să te lași prins în capcana fericirii. Prețuim ideile de libertate și alegere chiar și atunci când știm că prea mult dintr-un lucru bun poate face rău sau poate duce la dependență. Este o ironie a vieții moderne că, cu cât există mai multe opțiuni, cu atât este mai puțin probabil să avem încredere în alegerea noastră. Dacă poți evita să faci o alegere, e mai probabil că ai s-o eviți. Psihologul Barry Schwartz se referă la această idiosincrazie ca la „paradoxul alegerii": prețuim alegerea și râvnim la ea, deși prea multe opțiuni și variante ne pot submina sentimentul de fericire.[51] Strămoșii noștri nu se confruntau cu această dilemă în măsura în care o facem noi azi. Foamea era ceva mult mai obișnuit decât numărul prea mare al variantelor tentante de mâncare de unde să alegi. Cea mai bună metodă de a controla bombardamentul alegerilor zilnice este să devii ceea ce Schwartz, urmându-l pe economistul Herbert Simon, câștigător al Premiului Nobel, numește *„a satisficer"*, adică să-ți evaluezi opțiunile, să o alegi pe cea care este satisfăcătoare sau

„destul de bună“ și să-ți continui viața.[52] Nu mai încerca să exagerezi valoarea fiecărui detaliu privitor la o cumpărătură sau decizie – asta nu face decât să ducă la și mai mult stres, regret și nemulțumire.[53] Ai lucruri mai bune de făcut cu timpul, energia și resursele tale. Dar, ca să lupți cu influența puternică pe care bombardamentul constant al publicității o are asupra idealurilor tale din viață, ai nevoie de o busolă interioară puternică. Trebuie să ai câteva valori și țeluri în viață alese de tine, care să fie atât de solide și de importante, încât să-ți poți păstra integritatea chiar și într-o societate saturată de publicitate. În acest scop, o bună înțelegere a ceea ce dă sens vieții tale te poate ajuta cu adevărat; dincolo de toată strălucirea de suprafață, ca și de prezența sau absența celor mai noi și scumpe gadgeturi, viața ta conține probabil deja mult din ceea ce îi poate da sens.

4. Viața ta are deja sens

„Nu vă temeți de viață. Credeți că viața merită să fie trăită și credința voastră vă va ajuta să creați acest fapt." —William James, *Is Life Worth Living?*, 1895*

Majoritatea oamenilor, în majoritatea cazurilor, își percep viața ca având destul de mult sens, indiferent de îndoielile existențiale pe care le au. Când i-am spus Laurei King, profesor și unul dintre experții de seamă ai cercetării psihologice asupra sensului vieții, că sunt pe cale să scriu o carte pe această temă, ea m-a tras delicat deoparte pe coridorul de la Convention Center din Portland și m-a prevenit cu înțelepciune: nu le spune oamenilor că viețile lor sunt lipsite de sens – ar fi ceva iresponsabil, întrucât decenii întregi de studii demonstrează contrariul. Într-un articol important din 2014, publicat în *American Psychologist*, Laura King și Samantha Heintzelman, profesor la Universitatea Rutgers, au analizat diferite sondaje reprezentative la nivel național și alte date pentru a vedea cât de mult sens consideră oamenii că are în medie viața lor.[54] S-a dovedit că are mult sens. Când americani de peste cincizeci de ani au fost întrebați, într-un amplu

---

* William James, *Merită trăită viața?*, în William James, *Voința de a crede și alte eseuri filosofice*, trad. Alexandru Anghel, Herald, București, 2011, p. 104 (n. tr.).

sondaj, dacă simt că viața lor are sens, 95 % au spus că da.[55] Un alt sondaj a cerut unui larg eșantion național de oameni să aprecieze în ce măsură sunt de acord cu afirmații specifice de genul „Viața mea are un scop clar" pe o scară de la 1 (deloc adevărat) la 5 (complet adevărat). Media a fost destul de ridicată, 3,8.[56] Iar această tendință se extinde și în afara Statelor Unite. Așa cum s-a observat anterior, din cei 140.000 de oameni din 132 de națiuni care au participat la sondajul internațional Gallup privitor la întrebarea dacă „viața lor are un scop sau un sens important", 91 % au răspuns că da, cu un procentaj și mai ridicat în câteva dintre țările cele mai sărace din lume.[57] Alte studii arată că oamenii care se confruntă cu diverse probleme de sănătate, cum ar fi cancerul, consideră totuși de obicei că viața lor are sens.[58] King și Heintzelman scriu: „Datele provenind de la eșantioane mari și reprezentative și studiile care folosesc o metodă mai veche și una mai nouă de măsurare a sensului în viață ajung hotărât la aceeași concluzie: Viața are destul de mult sens"[59].

În ciuda absurdității existenței și a faptului că viața este, în general, insignifiantă, efemeră și arbitrară la nivel cosmic, majoritatea oamenilor par să-și perceapă viața de cele mai multe ori ca având sens. Să deducem oare de aici că majoritatea oamenilor greșesc de cele mai multe ori? Poate că este datoria noastră să le dezvăluim aspectele existențiale sumbre? Acest paradox inerent reprezintă adesea răscrucea pentru filozofi și psihologi. Unii filozofi susțin că oamenii se înșală când își prețuiesc viața și că trebuie să li se reamintească fără milă absurditatea vieții. Psihologii, în schimb, tind să ia de bune evaluările oamenilor: dacă o persoană simte că viața sa are sens, atunci viața aceea chiar are sens. Deși sunt de acord cu Laura King și cu psihologii, și cred că, în mare parte, trebuie să-i credem pe oamenii care spun că viața lor are sens, este important și să ajungem la rădăcina acestui paradox foarte omenesc.[60]

Paradoxul între absurditatea vieții și faptul că oamenii consideră totuși că viața lor are un sens important este, în mare măsură, rezultatul faptului că noi nu prea înțelegem corect problema sensului. Mai exact, confundăm două întrebări separate. La una din ele se pare că nu mai găsim un răspuns, iar confruntarea cu această problemă duce de obicei la o criză existențială. Cealaltă întrebare are încă totuși un răspuns solid și pozitiv, prin care putem cunoaște sensul în viață. Ce trebuie să înțelegem este că prima întrebare – „Care este sensul vieții?" – e de fapt un produs istoric secundar al gândirii occidentale, care a apărut doar în ultimele două secole. Vremurile s-au schimbat, dar noi încă mai căutăm un fel de sens care înseamnă ceva doar în vechea concepție abandonată despre lume. Criza noastră actuală privind sensul vieții este astfel o greșeală de înțeles, dată fiind istoria intelectuală a societății occidentale. Dar este totuși o greșeală care trebuie corectată.

Vom începe să facem această corecție în capitolul următor. În acest scop, trebuie însă să înțelegem mai întâi de ce oamenii caută în primul rând sensul vieții.

Gândirea i-a blestemat pe oameni cu nevoia de sens

„Oamenii se pot asemăna cu multe alte ființe în lupta lor pentru fericire, dar căutarea sensului vieții este o parte importantă a ceea ce ne face oameni într-un fel unic." —Roy Baumeister, „Some Key Differences Between a Happy Life and a Meaningful Life", 2013

Printre particularitățile fizice importante care îi fac pe oameni să iasă în evidență chiar printre cele mai apropiate verișoare ale noastre primate se află dimensiunea creierului comparativ cu corpul. Strămoșii noștri de acum două milioane de ani aveau creierul de aproximativ 24-37 de inchi cubi. Oamenii moderni au în mod obișnuit dimensiunea creierului de aproximativ 73-79 de inchi cubi.[61]* Această creștere bruscă impresionantă, numită revoluție cognitivă de către oamenii de știință sau mutația „Pomul Cunoașterii" de către Yuval Noah Harari[62], a separat în esență maimuța fără păr, cu mers biped, de verișoarele sale animale. Există multe teorii despre ce anume a dus la această rapidă cursă a înarmărilor în dimensiunea creierului la specia umană și ce abilități unice a creat o asemenea nouă putere de prelucrare – limbaj, cooperare, cultură, religie etc. –, dar să ne concentrăm pe următoarea trăsătură importantă: oamenii au început să gândească.

Gândirea este capacitatea de a ne examina propria viață din perspectiva unei a treia persoane. În loc să răspundem sau să reacționăm imediat la orice se întâmplă în clipa aceasta, suntem capabili să ne detașăm pentru a ne opri și a reflecta. Ne putem privi acțiunile trecute și

---

* Aproximativ 400-600 de cm cubi, respectiv 1200-1300 de cm cubi (n. tr.).

putem face predicții privind viitorul, unificând simultan ambele seturi de informații pentru a lua decizii conștiente despre cum să ne purtăm în prezent.

Capacitatea noastră reflexivă este un instrument care aparține în exclusivitate omului și care ne diferențiază de alte animale prinse în capcana clipei prezente, incapabile să facă planuri pentru luna viitoare, cu atât mai puțin pentru următorul deceniu al vieții lor.[63] Oamenii au instincte primare animale, dar avem și capacitatea cerebrală de a anula asemenea impulsuri pentru a ne concentra în schimb, de exemplu, pe scopurile pe termen lung, a căror răsplată va fi culeasă doar peste zile, luni sau ani de acum încolo. Gândirea permite planificarea, acțiunea colectivă și stabilirea de scopuri pe termen lung, ceea ce la rândul său ne oferă posibilitatea de a crea opere de artă, arhitectură și instrumente, ca să numim doar câteva lucruri, inimaginabile pentru oricare alt animal. Construirea catedralei Notre-Dame din Paris a durat aproximativ două sute de ani. Un asemenea monument este dovada potențialului creativ care nu exista pe această planetă înainte să apară omul. Gândirea nu ține totuși doar de planificarea viitorului și de realizarea unor proiecte de dimensiuni grandioase. Gândirea ne ajută și să intrăm în legătură cu trecutul, ceea ce poate îmbogăți și mai mult sensul vieților noastre. Filozoful Antti Kauppinen spune că „a te baza pe trecut dă vieții un fel de formă narativă progresivă“[64], ceea ce pare a avea mai mult sens decât o viață compusă din episoade izolate. Neuropsihologia este de acord.

Un studiu neuroimagistic desfășurat la Northwestern University cu optzeci și patru de participanți demonstrează că o conectivitate sporită în rețeaua lobului temporal medial, care se știe că este implicat în călătoria mentală în timp pentru a trăi experiența trecutului sau a viitorului, este corelată cu ceea ce spun oamenii despre cât sens simt ei că are viața lor.[65] O călătorie în trecut ne poate oferi astfel un sentiment nostalgic al semnificației vieții. Ca oameni, suntem și deosebit de calibrați pentru a putea găsi un sens în viitor. Reflecția face speranța posibilă: putem imagina o lume mai bună și putem face planuri pentru a o realiza. Scopurile importante în viitor sunt adesea ceea ce dă sens eforturilor și chiar luptei de azi. Putem suporta suferința și durerea din ziua de azi mult mai ușor dacă reușim să nutrim speranța și credința că ceva important ne așteaptă în viitor.

Dar este un preț de plătit pentru toată această capacitate reflexivă. Din cauza ei, nu ne mulțumim cu scopurile instinctuale care stimulează majoritatea altor animale. Este atât o binecuvântare, cât și un blestem faptul că suntem inevitabil prinși într-o lume care se întinde atât în spate spre trecut, cât și în față spre viitor. Planificăm și ne facem griji pentru lucruri care se pot sau nu întâmpla în viitorul îndepărtat. Revenim asupra unor lucruri din trecut, redeschizând răni vechi sau cultivând amintiri dragi. Problema noastră – comparativ cu majoritatea animalelor – este că putem să ne oprim în mijlocul unei activități și, cu un fel de introspecție reflexivă, să ne întrebăm: Ce rost are? De ce fac asta?

Gândirea creează astfel nevoia de justificare.[66] Când apare întrebarea „de ce?“, avem nevoie de un răspuns satisfăcător. Avem nevoie să ne putem susține acțiunile chiar și după ce am reflectat asupra lor. Aici își află originea nevoia noastră de sens. Ca animale înzestrate cu capacitate de reflecție, avem nevoie să simțim că activitățile noastre au un rost, un motiv sau un scop în spatele lor, și că ele – oarecum – contează și contribuie la ceva la care merită să contribuie.[67] Ca să ne dăm un răspuns, avem nevoie de un cadru, de un fel de concepție asupra lumii, care să ne spună exact ce activități și ce scopuri merită și care dintre ele nu au nici un rost; pe scurt, când ajungem la acea inevitabilă răscruce, vrem o concepție despre lume plină de sens, care să ne ghideze spre drumul ce merită urmat. Absența unui asemenea cadru poate avea consecințe grave.

Deja în timpul celui de-al Doilea Război Mondial, psihologul social și psihanalistul Erich Fromm a observat că omul modern este „despovărat de constrângerile societății preindividualiste" care îl limitau anterior.[68] În timp ce mulți au proclamat această eliberare drept pasul final spre evoluția omului ca individ independent capabil de autorealizare, lucrurile nu au mers conform planului. Deși restrictiv uneori, cadrul cultural tradițional a dat oamenilor un sentiment de siguranță, coerență, direcție și semnificație. Cu alte cuvinte, i-a dotat pe oameni cu un sentiment solid al sensului în viață. Însă în absența acelui cadru, oamenii tot aveau nevoie să știe ce să facă cu viețile lor și cum să le facă să merite trăite. Din păcate, cultura recent eliberată nu avea răspunsuri potrivite sau încurajatoare, ceea ce i-a neliniștit pe mulți, făcându-i să se simtă izolați, anxioși și dezorientați. Eliberarea care trebuia să aibă loc a fost în schimb convertită într-o fugă de libertate, oamenii supunându-se oricărei autorități care voia să le dea răspunsuri ferme la marile întrebări ale vieții și astfel stabilitatea de care aveau disperată nevoie.

Conform analizei lui Fromm, omul modern este „anxios și tentat fie să-și cedeze libertatea dictaturilor de tot felul, fie s-o piardă, transformându-se într-o mică piesă a mașinăriei, bine hrănit, bine îmbrăcat, totuși nu un om liber, ci doar un automat“[69]. Pentru Fromm, aceasta a fost una dintre cauzele fundamentale ale apariției fascismului în Europa în anii 1930, ale cărui atrocități sunt bine cunoscute. Există similarități alarmante în întregul peisaj politic din lumea occidentală de astăzi, ceea ce face imperativă crearea unui cadru reflexiv și a unui sistem de valori care nu doar să fie percepute ca universal justificate, ci și să țină piept cinismului și dezbinării din vremurile noastre moderne. Cealaltă opțiune o reprezintă nesiguranța și cadrele de valori regresive, autoritare, care submineazǎ principiile grijii, egalității și libertății din inima stilului de viață pe care ni l-am construit încă de la începuturile primelor democrații reale din secolul al XVIII-lea.

Dacă nu putem face asta, am irosit o revoluție cognitivă perfectă.

Arta de a căuta și totodată de a avea un sens în viață

De ce să căutăm sensul dacă viețile noastre au deja sens? Această întrebare simplă dezvăluie înclinația occidentală din gândirea noastră despre sens. Profesorul Michael Steger, un alt expert de seamă în psihologia sensului în viață, a examinat *căutarea* de către oameni a sensului în viață și *prezența* sensului în viață și a descoperit că rezultatele au fost opuse în Statele Unite: cu cât viața unei persoane avea mai mult sens, cu atât acea persoană era mai puțin dispusă să caute mai mult.[70] Operăm după modelul deficitului în ceea ce privește sensul în viață: suntem interesați de subiect mai ales atunci când el lipsește. Totuși, când Steger a cercetat aceeași chestiune în Japonia, a descoperit că acolo relația între cele două nu era contradictorie, ci armonioasă: o persoană care trăia deja o viață plină de sens era mai înclinată să se gândească la cum ar putea trăi cu și mai mult sens. Se poate ca această deschidere spre a reflecta asupra sensului propriei vieți să fie ceea ce i-a determinat pe indivizi să facă acele alegeri în viață care să le sporească în primul rând sentimentul sensului.

Culturile orientale s-ar putea să fie mai înțelepte decât Occidentul în această privință. Deși poate că viața ta are deja un oarecare sens, e posibil, și adesea cu un efect pozitiv asupra vieții, să cauți surse și mai bune de sens. Nu este o încercare disperată de a umple un gol, ci o invitație să reflectezi asupra propriei vieți pentru a găsi mai multe stiluri de trai capabile să funcționeze în armonie cu activitățile, alegerile și relațiile care îți pot face zilele mai pline de sens. Suntem lucrări în curs de derulare, iar bucuria de a fi oameni este că știm asta – știm în esență că este loc, în fiecare dintre noi, pentru mai multă înțelegere, perfecționare și împlinire personală. În loc să te plângi de ceea ce poate îți lipsește, evaluează ceea ce ai deja și găsește modalități de a construi pe această bază. Eliberează-te pentru a înțelege reflexiv ceea ce poate că deja observi intuitiv, că viața ta are deja un sens.

PARTEA A DOUA

PROBLEMA SENSULUI: O NOUĂ PERSPECTIVĂ

5. Criza ta existențială te face modern

„Ceea ce înțelegem prin «ateism» ar fi fost neinteligibil pentru mintea clasică. Desigur, au existat dezacorduri privind natura zeilor sau activitățile lor, și uneori chiar negarea existenței anumitor zei. Dar noțiunea, intrinsecă înțelegerii moderne a ateismului, de imanență – de lume care există independent de orice fel de tărâm transcendent – ar fi fost aproape de neînțeles pentru ei.“

—Gavin Hyman, *A Short History of Atheism*, 2010

Imaginează-ți următoarea situație: îți încarci iPhone-ul la aeroport și cineva se apropie de tine și te întreabă: „Crezi în electricitate?“ Tu și cu mine, și fac pariu că oricare altă persoană din aeroport, știm că întregul stil de viață modern de azi gravitează în jurul electricității și, ca atare, nu există nici un motiv să dezbatem problema. Care este în sine absurdă. Omul e înclinat să continue, întrebând: „Crezi în Dumnezeu?“ Această întrebare are ceva mai multă greutate și, indiferent de răspunsul tău, e probabil ceva la care te-ai gândit anterior sau pe care chiar l-ai analizat în viața ta. Spre deosebire de întrebarea absurdă despre electricitate, înțelegi întrebarea legată de credința ta în Dumnezeu ca pe o reală îndoială. Înțelegerea acestei incertitudini religioase te face modern.

Pentru europenii care au trăit cu cinci sute de ani în urmă, întrebarea privitoare la Dumnezeu ar fi fost la fel de ciudată pe cât este astăzi pentru noi cea despre electricitate. Prezența lui Dumnezeu – nu a electricității – era peste tot. Lumea lor era dominată de supranatural – duhuri, demoni și magie. Se credea în mod obișnuit că cineva bolnav era posedat de demoni care îl puteau face să comită acte malefice.[71] Relicvele sfinților aveau puteri vindecătoare. Furtunile, perioadele de secetă, molimele, ca și perioadele de fertilitate erau văzute ca acțiuni ale lui Dumnezeu. Oamenii se angajau în ritualuri colective regulate, cum ar fi citirea Evangheliilor pe câmp pentru a alunga duhurile rele care puteau compromite recolta.[72] Așa cum spunea sociologul german Max Weber, lumea premodernă era *vrăjită*.[73] Existența lui Dumnezeu și a duhurilor nu era o chestiune de credință, ci o certitudine nemijlocită. Întregul cosmos era o entitate semnificativă în care toate elementele se armonizau într-un plan cu un scop precis. Acest lucru era adevărat nu doar pentru Europa medievală, ci pentru întreaga lume. Desigur, numele și funcțiile diferitelor spirite se deosebeau de la o cultură la alta. Unele culturi credeau într-un Dumnezeu creator atotputernic, altele în nenumărate spirite locale.[74] Indiferent de particularitățile credințelor, lumea vrăjită era totuși una în care diverșii demoni, zei, duhuri și forțe cosmice influențau în mod constant evenimentele de fiecare zi, pe cele importante, ca și pe cele neînsemnate.

În această lume vrăjită, nu exista o distincție clară între explicațiile naturale și cele supranaturale; nu fusese încă descoperită sau dezvoltată nici o concepție științifică despre lume pentru a sta la baza celor dintâi. Teoretic, se putea nega sau discuta existența ființelor spirituale individuale – dacă exista un anumit spirit, sau natura exactă și puterile lui Dumnezeu –, dar, dacă cineva dorea să nu mai creadă în întreaga concepție despre o lume vrăjită, pur și simplu nu exista un plan B. Nu era nici o concepție alternativă despre lume. Dezvrăjirea – ca o posibilă concepție despre lume – nu fusese încă inventată. Instrumentele conceptuale și ideile pe care să-ți poți baza necredința pur și simplu nu existau. În schimb, vrăjirea forma totalitatea concepției despre lume și, ca atare, era imposibil să abandonezi ritualurile colective construite în viața de zi cu zi care susțineau și consolidau această ideologie.

Din cauza diferenței fundamentale între concepțiile noastre despre lume, modul în care oamenii moderni vorbesc despre sensul vieții nu ar fi avut nici un înțeles pentru țăranii din Evul Mediu, și de altfel nici pentru mari gânditori antici ca Aristotel sau Epictet. În cea mai mare parte a istoriei lumii, oamenii nu au pus sub semnul întrebării sensul vieții, deoarece nu era nevoie să se gândească la asta. Într-un cosmos vrăjit, era evident că întreaga viață exista pentru a împlini un scop mai însemnat, determinat cosmic sau atribuit de divinitate. Anterior modernității, concepțiile strămoșilor noștri despre cosmos și locul omului în acesta erau extrem de ciudate. Lumea lor, cel puțin din punct de vedere cosmic, era cu siguranță ordonată altfel decât a noastră. Grecii antici nu știau nimic despre viețile secrete ale găurilor negre, ca să nu mai vorbim de arta postmodernă sau scanerele cerebrale. Chiar și cele mai îndrăznețe gânduri ale lui Aristotel, celebrul filozof grec care a trăit în secolul al IV-lea î.Cr., erau afectate de concepția despre o lume vrăjită în care trăiau el și contemporanii săi.

Dacă ar exista o întrecere pentru a decide care individ a influențat mai mult gândirea occidentală, Aristotel ar fi în semifinale, confruntându-se cu greii, precum Isus și Sir Isaac Newton. Într-una dintre cele mai celebre și studiate cărți de etică scrise vreodată, *Etica nicomahică*, Aristotel a meditat asupra ideii de bine uman suprem. Mai exact, el căuta „un scop al actelor noastre pe care-l urmărim pentru el însuși“[75]. El intenționa să descopere ce ne face speciali comparativ cu animalele, crezând că însăși natura noastră umană deține cheia pentru ceea ce determină binele uman suprem. Este tentant să combinăm această idee a binelui uman suprem cu sensul. Aș spune totuși că Aristotel nu vorbea despre sensul vieții când cerceta conceptul de bine uman. El vorbea cu siguranță despre ideea de scop uman, dar nu în mod corect. Sau, mai degrabă, cercetarea sa era limitată de epoca în care trăia și era lipsită de conștiința unui element central: absurdul.

Așa cum noi considerăm electricitatea de la sine înțeleasă, Aristotel nu a pus la îndoială existența unei ordini cosmice, astfel încât, de fapt, nu i-a trecut niciodată prin minte că o asemenea ordine s-ar putea să nu existe. Lumea vrăjită era un întreg cu sens și, la fel ca oricare altă creatură, ființele omenești aveau un scop sau o virtute inerente, a căror împlinire definea binele uman: virtutea calului face calul să alerge bine și să poarte călărețul; virtutea ochiului este cea datorită căreia vedem bine; și, astfel, pentru Aristotel trebuie să existe „virtutea omului", o formă de excelență unică pentru a fi om.[76] Observând capacitatea noastră de a gândi rațional, care ne diferențiază de alte animale, el a ajuns la concluzia că binele uman trebuie să aibă legătură cu ideea de a trăi în acord cu acest suflet rațional, ceea ce necesită anumite virtuți. Pentru el, nu s-a pus niciodată problema dacă *există* sau *nu există* un scop al existenței umane. În cosmosul vrăjit în care trăia Aristotel, era evident că oamenii aveau un scop, din moment ce totul avea un scop inerent; trebuia doar descoperit.

Marea întrebare în legătură cu viața, pentru Aristotel și pentru următoarele câteva milenii de gândire occidentală, se referea la scopul omului. Această întrebare, numită *télos* de grecii antici și *summum bonum* de gânditorii creștini medievali, a fost esențială pentru gânditorii occidentali până în perioada modernității și se referea la scopul suprem al omenirii, *de ce*-ul esențial al existenței noastre. Era întrebarea *de ce există ființele omenești?*, la fel cum ne-am putea întreba de ce există bicicletele sau cuțitele; ca să ne deplasăm cu ele și, respectiv, ca să tăiem cu ele. Ce i-a unit pe gânditorii greci și creștini, de la Aristotel la Toma d'Aquino, a fost faptul că ei nu au pus niciodată la îndoială posibilitatea ca omenirea să aibă un scop. În concepția lor despre lume, cosmosul era inteligibil, iar ființele omenești au fost create cu un scop. Așadar, sarcina gânditorului era doar de a dezvălui și a descoperi binele uman sau scopul uman deja prezent. Așa cum afirmă profesorul Joshua Hochschild, scopul omului era „întrebarea privitoare la viața omului care s-a pus în cea mai mare parte a istoriei occidentale"[77].

Începând de prin secolul al XVII-lea totuși, o concepție mai științifică despre lume a început să câștige încet teren în societățile occidentale. Această nouă concepție a trasat în primul rând o linie de demarcație între natural și supranatural, apoi a început să ducă supranaturalul într-un plan marginal. În decurs de câteva secole, știința a ucis vrăjirea Universului. Au fost și alte cauze – ascensiunea umanismului și a individualismului, urbanizarea, mobilitatea sporită, industrializarea, democrația și guvernele mai birocratice –, dar concepția științifică despre lume a avut cea mai mare influență în transformarea *Cosmosului Vrăjit* din vremurile premoderne într-un *Univers Mecanic* aparent dezvrăjit și lipsit de sens. În Cosmosul Vrăjit, întrebarea privind scopul omului avea logică, dar nu s-a potrivit în Universul Mecanic, în care oamenii nu mai aveau un loc evident în marea ordine a lucrurilor. Asta a antrenat nevoia de a pune un nou fel de mare întrebare despre viață. În 1834, Thomas Carlyle a sugerat întrebarea aparent simplă „Care e sensul vieții?", iar noi, ca societate, ne luptăm de atunci încoace cu urmările existențiale.

O invenție semnificativă: marea întrebare a lui Carlyle

„Privit aşa cum se cuvine, nici cel mai umil obiect nu este lipsit de importanță; toate obiectele sunt ca nişte oglinzi prin care ochiul filozofic priveşte în Infinitul însuşi." —Thomas Carlyle, *Sartor Resartus*, 1834*

Deși nu se poate spune că Thomas Carlyle, eseistul, autorul de satire și istoricul scoțian din perioada victoriană, a fost singurul om care a meditat la sensul vieții, el a fost primul care a scris despre asta în lumea anglofonă. Publicată între 1833 și 1834, cartea lui Carlyle *Sartor Resartus* a fost remarcabilă din mai multe motive: Ralph Waldo Emerson i-a scris prefața, Herman Melville și Walt Whitman au citat-o ca influență decisivă pentru *Moby Dick*, respectiv *Song of Myself* (*Cântec despre mine*), iar în zilele noastre este citată adesea drept *cartea* care a marcat tranziția în literatura de limbă engleză de la perioada romantică la cea victoriană.[78] Ea mai conține prima mențiune scrisă cunoscută în limba engleză a expresiei „sensul vieții"[79].

Sartor Resartus a fost scrisă într-o perioadă deosebit de tumultuoasă din istoria lumii, când aproape fiecare

* Thomas Carlyle, *Filosofia vestimentației: Sartor Resartus*, trad. Mihai Avădanei, Institutul European, Iași, 1998, p. 77 (n. tr.).

aspect al vieții de zi cu zi a fost afectat de numeroasele revoluții care au avut loc la nivel mondial: Revoluția Franceză a schimbat lumea politică, iar replicile acestui cutremur se simțeau încă în toată Europa; revoluția romantică a favorizat emoțiile, autoanaliza și introspecția; aproape fiecare aspect al vieții de zi cu zi a fost transformat de Revoluția Industrială; iar revoluția științifică a amenințat concepția religioasă despre lume. Textul lui Carlyle începe cu următoarele rânduri: „Luând în considerație prezenta noastră stare culturală avansată și cum Torța științei este fluturată și purtată [...]; cum, în timpurile acestea mai ales, nu numai că Torța arde încă, și poate că arde mai viu ca oricând, dar că totodată nenumărate Lumânări și Chibrituri cu sulf, aprinse în același scop, luminează și ele în toate părțile, astfel încât nici cel mai mic ungher sau cușcă pentru câini din Natură sau din Artă să nu rămână neluminate“[80].

„Torța științei“ care ardea atât de viu, încât nici un „ungher sau cușcă pentru câini“ să nu rămână neluminate – nu s-ar putea descrie mai bine forța intelectuală absolută cu care gândirea științifică s-a impus în viața oamenilor și le-a remodelat adevărurile dragi și concepția despre lume. Ceea ce era considerat anterior evident și mai presus de orice îndoială – că lumea este un întreg plin de semnificații și că omenirea are de jucat un rol special în evoluția acestei lumi – și-a pierdut brusc fundamentul. Poate că pe atunci nu era șocant pentru cititori să-l descopere pe protagonistul cărții, profesorul de vârstă mijlocie Teufelsdröckh din Weissnichtwo (Nimeni-nu-știe-unde), copleșit de lipsa de sens a vieții sale banale. Depresia lui însoțește adesea o tranziție majoră din viață, dar o tranziție care devine deosebit de intensă prin dezrădăcinarea pe care mulți oameni o simțeau în această epocă a progresului neîncetat al industrialismului și a altor transformări. Spre deosebire de vremurile anterioare, religia și tradiția nu mai păreau să dețină toate răspunsurile.

În roman, care servește și drept alegorie pentru căutarea sensului de către Carlyle însuși, ni se arată cum „Universitatea Rațională", adică o lume tot mai seculară, care „se opunea în cel mai înalt grad Misticismului", l-a infectat pe Teufelsdröckh cu îndoiala religioasă, determinându-l să pună sub semnul întrebării credința și însăși existența lui Dumnezeu.[81] Îndoiala capătă nuanțe tot mai sumbre, devenind ceea ce el numește „coșmarul Necredinței", iar profesorul se găsește curând aparent singur într-o lume rece și tăcută, scriind: „Universul era pentru mine lipsit de Viață, de Perspectivă, de Voință, chiar de Ostilitate: era o Mașină-cu-aburi imensă, moartă și incomensurabilă, mergând înainte cu indiferența ei mortificată pentru ca să mă zdrobească fibră cu fibră". Lipsit de credință și abandonat în voia propriilor instrumente filozofice, el declară – folosind pentru prima oară expresia „sensul vieții" – că „Viața noastră este înconjurată de Necesitate; totuși, însuși sensul Vieții nu este nimic altceva decât Libertate sau Forță Voluntară; ceea ce ne obligă să luptăm; să ducem, mai ales la început, o luptă grea". Bătălia omenească esențială pentru el se dă astfel între Necesitate și Libertate: un om fie înlănțuit de pofte, dorințe trupești și alte lucruri lumești, fie dedicat transcenderii acestor lucruri ca să urmeze o datorie morală superioară în munca sa. Pentru Carlyle, acesta este sensul vieții: angajându-ne într-o muncă cu un scop precis, ne putem transforma idealurile personale în realitate și putem atinge o reală împlinire. El scrie: „Muncește atât timp cât ziua aceasta se mai numește Astăzi; pentru că vine Noaptea, când nici un om nu mai poate lucra!"

Este liniștitor să știm că sensul vieții, departe de a fi o chestiune arzătoare care i-a preocupat pe oameni de la începutul timpurilor, a fost o expresie creată cu mai puțin de două sute de ani în urmă de un autor al cărui protagonist semiautobiografic este el însuși autorul unei cărți intitulate *Hainele: Originea și influența lor*. Considerat un profesor de „Lucruri în General", Teufelsdröckh expune exact asta în volumul său inspirat de vestimentație, inclusiv importanța unui „Om-purtător-de-Haine", un Dandy, un Filfizon, și stilul german corect de a purta un guler: jos în partea din spate și ușor rulat.[82] În timp ce *Hainele* este aparent inofensivă, este și un *poioúmenon*, un gen de metaficțiune care i-a asigurat lui Carlyle un spațiu amplu pentru a-și exprima preocupări filozofice mai importante. Totuși, în ciuda îndoielii privind existența oricărei valori în lumea modernă, Carlyle e clar că nu gândea pesimist și și-a încărcat textul cu cuvinte pline de speranță și convingerea că omul poate într-adevăr să traverseze pustiul existențial și să iasă triumfător. Cu toate acestea, întreaga carte a fost, într-un sens, un simptom al faptului că autorul a pierdut legătura cu credința religioasă calvinistă severă pe care o împărtășiseră părinții săi. *Sartor Resartus* poate fi citită ca o luptă a lui Carlyle pentru a face față acestei pierderi a credinței, trăind în ceea ce el numește „un Secol Ateist"; este încercarea sa de a inventa un mod de a înțelege viața care să fie compatibil cu pierderea credinței în creștinismul tradițional.

Numit adesea unul dintre cei mai influenți intelectuali publici din secolul al XIX-lea, Carlyle a inspirat o mulțime de gânditori; oricine scria sau gândea despre sens și criză existențială în lumea anglofonă reacționa, într-un fel sau altul, la lucrarea sa. În același timp, în Europa continentală, filozofi precum Søren Kierkegaard și Arthur Schopenhauer au reluat problema de unde se oprise Carlyle, Kierkegaard scriind: „Care să fie, la urma urmei, rostul acestei vieți?" în *Sau-sau*, o lucrare timpurie crucială din 1843.[83] O febră existențială părea să fi cuprins cercurile intelectuale, atingând pe toată lumea, de la filozofi și romancieri ca Ralph Waldo Emerson, Samuel Beckett, George Eliot și Lev Tolstoi, compozitori ca Richard Wagner și biologi ca Thomas Huxley (cunoscut după porecla sa „buldogul lui Darwin"), cu Schopenhauer în prima linie. În eseul său *Natura umană*, el întreabă direct: „Care este sensul vieții în general? Cu ce scop se joacă această farsă în care tot ce este esențial e în mod irevocabil fix și determinat?"[84] *Anna Karenina* a lui Tolstoi, publicată în 1878, a răspândit ideea de criză existențială în rândurile publicului larg – anterior fusese limitată mai ales la un cerc select de intelectuali. Încă înainte de publicarea capodoperei sale, Tolstoi s-a confruntat cu o dezvrăjire similară celei a lui Carlyle: la fel ca filozoful scoțian, Tolstoi s-a străduit să se împace cu concepția științifică despre lume. Nu pare să fie o întâmplare faptul că, cu câteva luni înainte de a scrie în jurnalul său că „viața pe pământ nu are nimic de oferit", citea fizică și medita la conceptele de gravitație și căldură și la modul în care „exercită presiune o coloană de aer"[85]. Înțelegând mai multe despre legile mecaniciste ale naturii, el și-a pierdut credința în transcendent, scriind „Am căutat în toate științele și nu numai că n-am găsit nimic, dar m-am convins că toți cei care, ca și mine, căutaseră în științe nu aflaseră nici ei nimic"[86].

Tolstoi, alături de Carlyle, Schopenhauer și alți contemporani, s-a numărat printre primii care au înțeles toate implicațiile noii concepții științifice despre lume: ea reduce omenirea la un organism biologic care nu are scop, rost sau valoare inerente. După cum a spus Tolstoi: „Tu ești – o temporală, întâmplătoare îmbinare de particule. Acțiunea reciprocă a acestor particule, transformarea lor, produce în tine ceea ce tu numești viața ta. Această îmbinare rezistă un anumit timp; pe urmă, interacțiunea acestor particule încetează – și încetează ceea ce tu numești viață, și încetează și toate întrebările tale. Tu ești un ghemotoc întâmplător modelat din cine știe ce. Ghemotocul fermentează“[87].

Desigur, a cunoaște ceva și a agrea descoperirea sa sunt două lucruri diferite. Multora le-a displăcut adevărul incomod care se afla în centrul concepției științifice despre lume, dar asta nu a împiedicat răspândirea ei. Până la sfârșitul secolului XX, publicul larg rezistase la lungi perioade de disconfort existențial, încât, de fapt, Marea Întrebare aparent fără răspuns – Care este sensul vieții? – părea mai puțin o invenție a omului și mai mult lupta lui eternă. I-a făcut fără îndoială pe unii să ducă dorul vremurilor simple, vrăjite sau, în lipsa lor, cel puțin al unor sfaturi înțelepte privind modul cel mai elegant de a purta un guler.

Cum s-a născut știința din religie

„Acest sistem foarte elegant al Soarelui, planetelor și cometelor nu a putut să se nască decât din mintea și puterea unei ființe inteligente și puternice.“ —Sir Isaac Newton, *General Scholium*, 1713*

Deși în zilele noastre este ceva obișnuit să pui în opoziție știința și religia, la început lucrurile stăteau altfel. Timp de mai multe secole, revoluția științifică a progresat în

* Isaac Newton, *Principiile matematice ale filozofiei naturale*, trad. Victor Marian, Editura Academiei Republicii Populare Române, București, 1956, *Scolie generală*, pp. 416–417 (n. tr.).

contextul creștinismului și al unei credințe ferme în Dumnezeu, în loc să i se opună. Într-adevăr, analiza rațională și logică pe care s-a bazat știința s-a dezvoltat la început în contextul studiilor teologice ca o cale de a-l înțelege mai bine pe Dumnezeu și lumea pe care a creat-o.[88] Inițial, cercetarea științifică a fost un mod de a-l slăvi pe Dumnezeu și de a te apropia de el. Cum exista un cosmos rațional conceput de voința divină, oamenii de știință ca Newton pur și simplu descifrau limbajul lui Dumnezeu. Scopul era acela de a înțelege mai bine planul divin inteligent care stătea la baza Universului. Johannes Kepler, matematicianul și astronomul german din secolul al XVII-lea, ale cărui legi privitoare la mișcarea planetelor au avut o importanță majoră în revoluția științifică, a fost motivat de dorința de a demonstra că Dumnezeu a creat Universul pe baza geometriei. Kepler a devenit din teolog astronom atunci când a înțeles că „Dumnezeu e slăvit și în astronomie, prin eforturile mele“[89].

Concepția științifică despre lume a început astfel ca un derivat al concepției creștine despre lume, dar a ajuns curând să-și sufoce predecesorul. Tot mai mulți gânditori au început să înțeleagă cum diversele elemente ale acestei noi concepții despre lume se bazau din ce în ce mai puțin pe Dumnezeu, reușind în schimb să fie de sine stătătoare. În timp ce cuvântul ateism apare pentru prima dată în limba engleză în 1540[90], a durat o vreme până când definiția lui s-a restrâns, ajungând să nu mai desemneze erezia generală, ci o negare totală a teismului. Ca orice lucru care aduce un afront statu-quoului, cuvântul a fost folosit inițial acuzator; cei mai mulți oameni au considerat ateismul totuna cu vrăjitoria și magia. Abia la mijlocul secolului al XVIII-lea, Denis Diderot a devenit primul filozof ateu public, autodeclarat.[91] În calitate de curent filozofic, ateismul s-a răspândit ca focul... cel puțin în anumite cercuri. În ultima parte a secolului al XIX-lea, Tolstoi a observat că, în cercurile intelectuale din cadrul elitelor ruse și europene, „dintr-o mie, dacă e unul care să se recunoască credincios“[92]. Până la sfârșitul secolului al XIX-lea, multe universități respinseseră gândirea anterior acceptată privind dogmele religioase, atribuind argumentației religioase un rol marginal. Desigur, teologii și credincioșii nu au dispărut, dar credința și practicarea ei au început să devină mai intime și personale. În sfera publică, cu siguranță în politică și la locul de muncă, era de așteptat ca bine-credincioșii să participe la discuții raționale în care supranaturalul nu mai putea fi implicat ca parte a argumentației. Când se luau decizii privind momentul cel mai bun pentru a culege recolta sau oportunitatea de a construi un baraj, oamenii se bazau pe cunoștințe testate științific, nu pe revelația divină, și consultau experți, nu spirite.

Desigur, vrăjirea, religia și supranaturalul încă influențează viețile multor oameni în zilele noastre – nu ca fundal evident al concepției noastre despre lume, totuși, ci precum ceva care coexistă cu concepția științifică despre lume în relații mai mult sau mai puțin tensionate. Credincioșii trebuie să parcurgă astăzi spațiul dintre convingerile lor religioase, personale și modul dezvrăjit, rațional și modern de a vedea lumea. Și cu toate că această concepție dezvrăjită despre lume a dus la numeroase progrese în tehnologie și în managementul societății, ea a dezvăluit și o posibilitate teribilă: dacă Universul nu a creat ființele omenești pentru ca ele să aibă un mare scop în viață? Dacă sensul vieții este acela că nu există nici un sens?

Astfel, întrebarea „Care este sensul vieții?“ e în primul rând reacționară. A fost inventată ca o consecință a răspândirii concepției științifice despre lume și a dezvrăjirii lumii care a rezultat de aici. Vechiul scop evident al întregului cosmos, inclusiv al ființelor omenești din cadrul său, a fost pus la îndoială. În acest context, a devenit extraordinar de important să se pună întrebarea privitoare la ceea ce s-a pierdut. Și s-a inventat o expresie pentru a descrie ceea am avut: sensul vieții. Dar să nu dăm toată vina pe știință pentru criza noastră existențială. După ce concepția științifică despre lume a intrat în conștiința oamenilor, cineva a trebuit să inventeze ideea că e bine să ne trăim viețile ca pe ceva cu sens. Intră în scenă romanticii.

6. O noțiune romantică

„A încerca să soluționezi sensul vieții poate semăna oarecum cu a încerca să montezi mobilă Ikea când ești convins că îți lipsește o piesă sau că nu ai primit instrucțiunile necesare. Dar problema reală este că încerci să asamblezi un dulap Maråker sofisticat când ai achiziționat doar o bibliotecă Billy standard cu trei rafturi. Ceva pare să lipsească doar pentru că aștepți mult mai mult.“

—Julian Baggini, „Revealed: The Meaning of Life“, 2004

Pe lângă rolul major jucat în lansarea unei căutări moderne a sensului vieții în lumea occidentală, Thomas Carlyle, Arthur Schopenhauer și Søren Kierkegaard au mai avut ceva în comun: romantismul german. Carlyle a tradus în engleză operele multor romantici germani și a scris *The Life of Friedrich Schiller*, o carte despre unul dintre cei mai mari poeți germani de la sfârșitul anilor 1700. German el însuși, Schopenhauer cunoștea o bună parte din opera compatrioților săi, și filozofia sa pesimistă era oarecum o reacție față de ei. El a încercat cu siguranță să tragă niște concluzii intelectuale pe care romanticii n-au riscat să le formuleze. Kierkegaard s-a mutat la Berlin pentru a audia prelegerile lui Friedrich Schelling – un alt romantic german –, și a scris o mare parte din primul său tratat existențial, *Sau-sau*, pe când se afla acolo. Munca de investigație istorică privind educația intelectuală comună a acestor trei oameni ridică o întrebare: a existat ceva în idealismul german care a sădit semințele crizei existențiale trăite de toți trei?

Una dintre figurile centrale de la începuturile romantismului german a fost un poet pe nume Georg Philipp

Friedrich von Hardenberg, cunoscut mai mult ca Novalis, a cărui singură iubire adevărată din viața lui – Sophie von Kühn – a murit după ce s-au logodit, dar înainte de a reuși să se căsătorească. Novalis s-a pomenit îndrăgostit nebunește, sfâșiat de durere și plin de perspective idealiste asupra iubirii și vieții, pe care le-a transpus în poezii și alte scrieri înainte de a muri de tuberculoză la vârsta de douăzeci și opt de ani. Ca o reacție directă la concepția despre lume a Europei, tot mai rațională și dezvrăjită, care seculariza rapid spiritualul și sacrul, romantismul german și-a îndreptat atenția spre interior: vrăjirea trebuie să vină dinăuntru. Novalis, împreună cu alți poeți și filozofi romantici care împărtășeau aceleași idei, promovau emoțiile umane, conferindu-le aproape un statut sacru. Ei venerau iubirea și autenticitatea emoțională și credeau că acestea trebuie să ne călăuzească în viață.

În zilele noastre, când un prieten sau cineva drag se află într-o mare dilemă cu privire la o decizie de viață importantă, este ceva obișnuit să spunem: „Urmează-ți inima". Acest sfat este în mare măsură o invenție romantică. Înainte de romantici, era mai obișnuit să mergi înainte, pur și simplu, indiferent de greutăți – ignoră-ți inima și fă-ți datoria. Pentru romantici totuși, a-ți urma inima era mai mult o directivă decât un sentiment: romanticul desconsidera curajos normele sociale, speranțele familiei, sfaturile raționale și alte limitări, pentru a-și urma chemarea inimii. Eroul desăvârșit era un poet chinuit de iubirea neîmpărtășită, complet indiferent față de îndatoririle și aspectele practice ale vieții, care avea parte, preferabil, de o moarte prematură atunci când trupul fragil sau inima îl trădau. Deși știe că nu va câștiga niciodată afecțiunea obiectului iubirii sale – sau, mai rău, ca la Novalis, că acesta putea fi pierdut în mod tragic –, el rămâne devotat iubirii sale și folosește poezia pentru a-și exprima sentimentele.

Romantismul a inițiat astfel o idee care a fost promovată de atunci de filmele de la Hollywood și de nenumăratele cântece pop: dragostea trebuie să fie o experiență copleșitoare. Iubirea adevărată te așteaptă acolo, undeva, și, când o întâlnești, va fi dragoste la prima vedere, o certitudine imediată că această persoană este aleasa sau alesul inimii și că vă veți iubi până la adânci bătrâneți. Pe lângă faptul că romantismul a promovat o speranță nerealistă privind iubirea, care „a fost un dezastru pentru relațiile noastre“ și a avut „un impact devastator asupra capacității oamenilor obișnuiți de a duce vieți emoționale fericite“, după cum afirmă filozoful Alain de Botton[93], el a transformat idealul în imperativ: nu trebuie niciodată să te mulțumești cu mai puțin – o afirmație care sună bine, dar care funcționează rareori în realitatea gestionării nenumăratelor și complexelor componente emoționale ale unei iubiri romantice, ca să nu mai vorbim de problemele de fiecare zi ale coabitării.

Acest mod de a gândi a afectat și sfera profesională: nu te mulțumi cu orice; găsește-ți adevărata chemare. Sună cunoscut? De câte ori ți s-a spus – în reclame, filme, melodii, cărți de dezvoltare personală – că nu trebuie să te resemnezi nici în dragoste, nici în profesie, nici în viață sau fericire? Implicită în această directivă este ideea că noi toți, undeva, cumva, avem o chemare interioară. Tot ce trebuie este s-o găsim, și apoi vom înțelege de ce-am venit pe lume. Ce au făcut romanticii a fost să ia ideea creștină a harului – a harului dat omului de Dumnezeu pentru ceva anume – și să-l înlocuiască pe „Dumnezeu“ cu „inima“. Așadar, exista totuși o misiune adevărată în viață pe care erai destinat s-o îndeplinești, dar, în loc să-ți fie dată de Dumnezeu, era ascunsă de la început înlăuntrul tău. Această idee a devenit un fel de motto pentru literatura de dezvoltare personală – găsește-ți adevărata chemare –, și este trist că nu prea are legătură cu realitatea. Și iată cum toate se leagă de sensul vieții: pledând pentru o chemare a inimii, romanticii promovau, în esență, ideea că ni se promite fiecăruia o viață cu un sens; trebuie doar să-l descoperim. Urmându-ți inima, va apărea o misiune în care plinătatea vieții tale va ieși la iveală și totul va fi la locul lui, iar viața îți va fi copleșită de claritate, siguranță și sens.

Romanticii ne-au promis trandafiri, dar adeseori realitatea nu miroase atât de frumos. Aș spune că o combinație între pierderea legăturii cu religia prin apariția concepției științifice despre lume și ideea romanticilor că, pentru a trăi cu adevărat, trebuie să-ți trăiești viața ca pe ceva cu semnificație deosebită a creat o furtună perfectă ce a dat naștere conceptului de criză existențială și condițiilor specifice culturii noastre moderne de azi, o societate în care lipsa de sens poate deveni acaparatoare. Carlyle, Kierkegaard și Schopenhauer se poate să fi moștenit de la romantici aspirația spre un sens important al vieții, dar lumea tot mai secularizată în care trăiau făcea să pară imposibil de atins un asemenea sens.

Putem aprecia mai bine impactul romantismului și al științei examinând aceste influențe în matricea 2 × 2 descrisă alăturat. În ceea ce privește matricea, omenirea și-a petrecut cea mai mare parte din istoria sa în interiorul secțiunii cu sensul implicit al vieții. Pentru strămoșii noștri, fiecare ființă avea de jucat un rol în lumea vrăjită, iar viața avea un sens atât de evident, încât – cu excepția câte unui filozof – nu era necesar nici măcar să

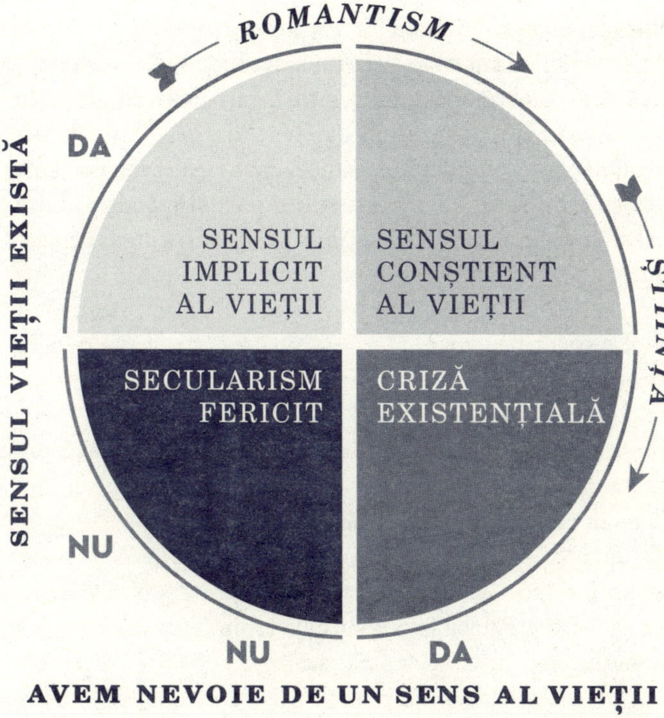

se gândească la problema sensului. Există apoi categoria de oameni care sunt conștienți că viața ca atare nu are nici un sens, dar care nu caută oricum un sens cosmic; întreaga chestiune nu pare să aibă vreo importanță. În ceea ce privește această categorie a secularismului fericit, ignoranța poate fi paradisul. Cunosc mai mulți oameni care nu cred într-un sens sau un scop deosebit, nici nu simt că le-ar lipsi ceva în viață din această cauză. Mulți dintre ei au crescut în familii nereligioase. Neavând niciodată prea mare legătură cu religia, nu simt că le-ar lipsi ceva. Pe de altă parte, cunosc mai mulți oameni care simt că viața ar trebui să aibă un scop mai înalt, pe care îl oferă

Dumnezeu sau credința lor, iar acest grup, din secțiunea de sens conștient al vieții din cadrul matricei, nu simte nici el că i-ar lipsi ceva în viață, pentru că are credința lui. A patra categorie, criza existențială, este cea mai tragică, deoarece e compusă din cei care își doresc un scop, dar se tem că un asemenea scop nu există. Indivizii din acest grup sunt mai susceptibili să se confrunte cu absurdul și să cadă astfel pradă unei crize existențiale sau, așa cum a dovedit istoria, să devină poeți sau filozofi. Concepția științifică despre lume se poate să fi distrus pentru ei lumea vrăjită, dar romantismul și moștenirea religioasă i-au făcut să creadă că un asemenea sens e necesar. Din nefericire, aceasta este categoria căreia-i aparținem astăzi prea mulți dintre noi – sau cel puțin ne scufundăm în ea în clipele noastre de deznădejde.

Tensiunea dintre marea promisiune romantică privind un scop important al vieții și un Univers secular incapabil să respecte acea promisiune a transformat problema sensului în Sfântul Graal: căutarea sa e nobilă, dar, deși toți vor să găsească răspunsul, ne-am resemnat cu gândul că probabil nu există. Ne confruntăm cu paradoxul de a avea o întrebare care necesită neapărat un răspuns, dar în mod limpede nu are nici unul, transformând întreaga chestiune într-o glumă. În scena finală a filmului *Monty Python's The Meaning of Life*, actorul Michael Palin acceptă cu simplitate un plic auriu, care conține răspunsul la cea mai mare întrebare a vieții. El citește: „Ei bine, nu e nimic deosebit. Încearcă să fii bun cu oamenii, evită grăsimile, citește din când în când o carte bună, plimbă-te și încearcă să conviețuiești în pace și armonie cu oameni de toate credințele și națiile". Douglas Adams face un pas mai departe în *The Hitchhiker's Guide to the Galaxy*, în care un supercomputer construit special pentru a calcula răspunsul la marea întrebare despre viață și sensul ei emite soluția absurdă: „patruzeci și doi“[94]. Ambele răspunsuri indică doar ridicolul întrebării înseși – așteptăm un fel de răspuns edificator care știm că nici măcar nu există.

Revoluțiile oamenilor moderni

Pe lângă apariția romantismului și a concepției științifice despre lume, mai multe alte revoluții din lumea occidentală au contribuit la influențarea și formarea modului în care omul modern a înțeles, în ultimele cinci secole, sensul vieții și locul pe care el însuși îl ocupă în Univers. Trei influențe ies în evidență în mod special.

În primul rând, umanismul a amplificat rolul sinelui. Nemaifiind la cheremul zeilor, al duhurilor sau al destinului, omul a devenit independent și și-a putut croi drumul în viață fără să mai fie împiedicat de asemenea forțe exterioare. Această tranziție e cel mai clar vizibilă la René Descartes în *Meditații despre filozofia primă* (*Meditationes de prima philosophia*), publicată în 1641, în care Descartes a folosit îndoiala radicală pentru a demonstra existența lui Dumnezeu și nemurirea sufletului în afara oricărei îndoieli rezonabile.[95] Intențiile și concluziile sale erau astfel religioase – punând credința în Dumnezeu pe baze incontestabile. Totuși, metoda sa a ascuns o bombă cu ceas. Dovedind existența lui Dumnezeu *prin rațiune*, el a pus omul gânditor înaintea lui Dumnezeu. Lucrurile s-au schimbat: rațiunea umană a devenit baza existenței lui Dumnezeu și nu invers. Ceea ce Descartes și contemporanii săi nu au înțeles totuși a fost că, dacă rațiunea putea servi pentru a demonstra existența lui Dumnezeu, ea putea fi folosită și pentru a o nega.

În al doilea rând, individualizarea a redefinit relația dintre individ și societate. În lumea premodernă, grupul venea înaintea individului.[96] În măsura în care exista un individ, el era definit prin roluri – poziția lui în cadrul familiei, clasa lui socială, ocupația etc. – care ajutau la modelarea comunității în sens larg. Datoria unei persoane era de a-și îndeplini sarcinile bazate pe roluri, indiferent de emoțiile sale individuale, de visuri sau dorințe. De fapt, întreaga idee a unui sine personal, „interior", dincolo de sinele public, a început să apară în literatură abia din secolul al XVI-lea încoace.[97] Reforma inițiată de Martin Luther în 1517 a subliniat relația directă, nemediată între individ și Dumnezeu, precum și rolul propriei conștiințe. Această revoluție teologică a jucat un rol major în a-i determina pe oameni să se concentreze asupra individului și a convingerilor sale interioare, separate de grup. Luther nu ar fi putut să prevadă că ideile sale aveau să se transforme în preocuparea noastră modernă față de individ. Este trist că obsesia noastră de a celebra emoțiile, visurile și dorințele individuale este adesea un dezavantaj când vine vorba de binele grupului.

Un alt sentiment modern în mare măsură străin omului medieval este credința în progres prin efortul uman. Atât concepția științifică despre lume, cât și Revoluția Industrială i-au învățat pe oameni că lumea este un spațiu care poate fi mult mai bine controlat decât s-a crezut anterior. Mai degrabă decât să fie un loc în care forțele cosmice dezlănțuite puteau fi doar parțial îmblânzite prin ritualuri și magie, și în care ordinea lucrurilor era statică și stabilă, lumea se supunea anumitor legi ale naturii. Astfel, dacă omul ar înțelege știința din spatele acestor legi, poate le-ar putea face să acționeze în favoarea sa, și-ar promova propriile proiecte și ar progresa. Omul modern competent a ajuns să înțeleagă lumea ca fiind ceva care poate fi stăpânit și controlat – și curând diferitele invenții și îmbunătățirea reală a condițiilor de viață aduse de Revoluția Industrială au făcut ca ideea de progres să pară un curs natural al vieții.[98]

Aceste trei schimbări – umanismul, individualismul și sentimentul oamenilor privind controlul și progresul – au funcționat împreună cu concepția științifică despre lume pentru a crea o înțelegere complet nouă a locului omului în Univers. Desigur, numeroase alte schimbări se petreceau simultan: urbanizarea, apariția clasei negustorilor și industrializarea, care i-a dezrădăcinat pe oameni de pe pământul și din comunitățile lor.[99] Importanța noilor sisteme politice democratice pe care Statele Unite și Franța le-au inițiat la sfârșitul secolului al XVIII-lea nu ar trebui subestimată: legitimitatea conducătorului nu mai venea de la Dumnezeu, ci de la oameni, de la cetățeni. Rezultatul cumulativ al diverselor revoluții în gândire a fost o concepție despre lume complet nouă, care i-a lăsat pe oameni tot mai mult pe cont propriu în ce privește valorile vieții, și un sentiment al scopului și al sensului. Individul s-a separat de grup, și-a urmat convingerile și dorințele interioare și a crezut că este deopotrivă capabil și responsabil să progreseze călăuzit de valorile alese de el însuși. Pe scurt: am pierdut legătura cu comunitățile noastre tradiționale și cu ideea unei lumi vrăjite – chiar cu ideea de Dumnezeu. Am intrat în epoca independenței.

Epoca independenței

„Credința în Dumnezeu nu este tocmai același lucru în 1500 și 2000 [...] nu mai există teiști naivi, așa cum nu există atei naivi."

—Charles Taylor, *A Secular Age*, 2007

Statele Unite sunt în urma multor țări europene în ceea ce privește pierderea credinței, dar chiar și aici lucrurile se accelerează. În prezent, aproximativ cincizeci și șase de milioane de cetățeni ai Statelor Unite nu aparțin unei religii oficiale[100], dar, dacă tendința actuală de secularizare continuă în același ritm, majoritatea americanilor nu vor fi afiliați la nici o religie până în 2050. Această statistică e relativ șocantă, dat fiind că, mult timp, religiozitatea în Statele Unite a fost destul de stabilă. Începând imediat după 1990, a existat totuși o creștere bruscă a numărului de neafiliați, ceea ce i-a făcut să devină, cu o marjă clară, grupul religios cu cea mai rapidă creștere din Statele Unite. Schimbarea este în mod special evidentă la generațiile mai tinere, 36 % dintre membrii născuți după 1981 fiind deja neafiliați.[101]

În mai multe țări europene, a nu crede în Dumnezeu – și a o recunoaște deschis – reprezintă astăzi o stare de normalitate. Republica Cehă este probabil țara cea mai atee din lume, 40 % din populație negând ferm existența lui Dumnezeu; Estonia se situează pe locul al doilea.[102] În Franța, Germania și Suedia, sunt mai mulți oameni convinși că nu există Dumnezeu decât cei care cred în existența sa.[103] Și, cu toate că majoritatea oamenilor din multe țări, cum sunt Statele Unite, cred încă în Dumnezeu, a devenit mai obișnuit și acceptabil să-ți schimbi credința – un pas de neînțeles pentru cineva din Evul Mediu, și poate chiar pentru generația bunicilor noștri. Conform unui studiu Pew recent, 42 % dintre americani au în prezent o afiliere religioasă diferită de cea din copilărie. Sociologii Robert Putnam și David Campbell scriu în studiul lor despre religiozitatea din Statele Unite de azi că „pare perfect natural să ne referim la religia noastră ca la o «preferință», nu ca la o caracteristică invariabilă“[104].

Chiar și printre americanii și europenii care cred puternic în Dumnezeu, noțiunea de „credință“ a devenit, în sine, mult mai modernă, în patru feluri, aș spune. În primul rând, credința a devenit conștientă, așa cum a subliniat filozoful Charles Taylor, un expert în natura schimbătoare a religiozității.[105] Astăzi, în loc să fie atât de evidentă încât să ignori orice alternativă, credința a devenit o alegere conștientă; este o declarație publică pe care o faci cunoscând alternativele.

În al doilea rând, în general, atât credincioșii, cât și necredincioșii au acceptat în mare măsură aceleași explicații naturale pentru felul în care funcționează lumea. Un credincios convins poate vedea pe alocuri intervenția divină, dar majoritatea realităților de fiecare zi sunt explicate astăzi prin electricitate și alte forțe generate în mod natural sau de către om, mai degrabă decât prin spirite. Atunci când se strică mașina unui credincios, el caută o defecțiune mecanică, nu o problemă spirituală.

În al treilea rând, trăim într-o lume diversă din punct de vedere religios. Indiferent dacă tu însuți ai trecut sau nu printr-o schimbare religioasă, probabil știi pe cineva care a trecut. La locul de muncă sau în comunitate, cel mai probabil întâlnești oameni din diferite medii religioase. În anii 1950, era încă posibil ca soția, colegii de muncă și vecinii să frecventeze aceeași biserică pe care o frecventai și tu. De atunci totuși lumea s-a diversificat și, mai ales în mediul urban, a devenit atât de normal să interacționezi cu oameni din diferite medii religioase, încât nici măcar nu mai observi asta.[106]

În al patrulea rând, în loc să depindem de Dumnezeu și de tot felul de spirite pentru a reuși în viață, am ajuns să ne bazăm tot mai mult pe capacitatea noastră și pe propria ingeniozitate pentru a face față provocărilor. Ne putem oferi gândurile și rugăciunile, dar știm că ele singure nu sunt destul pentru a aborda marile probleme sociale. Îi putem cere unui preot să sfințească un avion nou, dar vrem să fim siguri că a fost proiectat de un inginer competent și verificat de autorități care au atribuții privind securitatea. În discuțiile private despre modul în care pot fi rezolvate problemele din viața noastră și în discuțiile publice despre modul în care pot fi rezolvate marile chestiuni politice – schimbările climatice, serviciile medicale, dezbinarea politică –, soluțiile sunt justificate prin dovezi și rațiune, nu prin revelație divină și consultări cu spiritele.

Este epoca independenței umane, și asta e ceea ce deosebește condiția omului modern de majoritatea celorlalte perioade istorice. Astăzi avem libertatea de a alege dacă să credem sau nu în Dumnezeu, și în ce fel de Dumnezeu sau de spiritualitate să credem. Concepția noastră despre lume este acum o chestiune de alegere personală, una pe care o putem adapta pentru a se potrivi nevoilor, înclinațiilor și credințelor noastre individuale.

Doar o torță arzând?

„«Totul trebuie să aibă un rost?» întrebă Dumnezeu. «Bineînțeles», răspunse omul. «Atunci te las pe tine să te gândești la rostul pe care îl au toate acestea», spuse Dumnezeu. Și plecă." —Kurt Vonnegut, *Cat's Cradle*, 1963*

Iată-ne, așadar, la un secol și jumătate după Carlyle, Tolstoi și primii romantici... Suntem oare cu ceva mai aproape de a avea un răspuns la întrebarea privind sensul vieții, pe care ei îl căutau cu atâta disperare?

Mă tem că răspunsul este nu. În timp ce triumful concepției științifice despre lume prin capacitatea noastră de a controla mediul, de a lupta cu bolile și de a produce mașini și instrumente pentru îmbunătățirea vieții este absolut fără precedent în istoria omenirii, există în mijlocul ei același gol ca acum două secole: concepția științifică despre lume pare să ne lase cu mâinile goale în ceea ce privește valorile umane și felul în care să atribuim sens vieților noastre. Problema cu știința a fost exprimată cel mai bine de Carlyle, care a scris: „Doar o torță arzând, nici un ciocan de constructor?"[107]

Problema este, când rămânem de capul nostru, că nu suntem siguri ce să prețuim sau să căutăm în viață. Inventarea propriilor noastre valori de la zero s-a dovedit a fi o sarcină mai grea decât credeau Nietzsche, Sartre și alți existențialiști. Ei susțineau că, în sfârșit eliberat din cătușele tradiției, așa-numitul *Übermensch* independent – individul situat deasupra moralității mărunte a oamenilor obișnuiți – își va crea propriile valori. Mai frecvent totuși, oamenii lipsiți de un cadru al valorilor

* Kurt Vonnegut, *Leagănul pisicii*, trad. Raluca Popescu, Art, București, 2016, p. 281 (n. tr.).

își caută direcția și îndrumarea la oricine mai este dispus să le acorde. O poziție socială deținută anterior de preoți, de înțelepții tribului și de liderii comunității a fost preluată de diverși guru de dezvoltare personală, de politicieni care își apără interesele personale, de *advertiseri*, de falși profeți etc. Vechea concepție despre lume a dispărut, dar nu suntem siguri dacă ne place – ca să nu spunem dacă ne inspiră încredere – ceea ce i-a luat locul.

Procesul istoric și cultural de trecere de la siguranța vrăjită a concepției medievale despre lume la o concepție modernă, dezvrăjită, centrată pe om și chinuită de îndoieli a durat câteva secole. Dar mulți indivizi traversează acest proces mental într-o singură viață – chiar într-o singură perioadă din viața lor. Ca proces cultural, transformarea reprezintă o evoluție istorică interesantă. Ca proces suferit de un individ, este adesea tragică, ducând la o criză care poate părea absolut copleșitoare. Din fericire totuși, există o cale de ieșire din această mlaștină, și, indiferent dacă o cunoști sau nu, deții deja multe dintre instrumentele necesare atât pentru a găsi, cât și pentru a crea un sens durabil.

7. Există un sens în viață cu sau fără sensul vieții

„Ce îi duce pe oameni la disperare este faptul că încearcă să găsească un sens universal al întregii vieți, și apoi sfârșesc prin a spune că este absurdă, ilogică, lipsită de sens. Nu există un mare sens cosmic pentru toată lumea, există doar sensul pe care îl dăm fiecare vieții noastre, un sens individual, o poveste individuală, ca un roman individual, o carte pentru fiecare persoană." —Anaïs Nin, *The Diary*, vol. 2, 1967

Universul poate să nu mai fie vrăjit, dar oamenii încă tânjesc după sensul vieții. Există vreo cale de ieșire din această dilemă? Din fericire, da. Și începe cu înțelegerea diferenței dintre *sensul vieții* și *sensul în viață.*

Când oamenii întreabă despre „sensul vieții", ei caută de obicei un fel de sens universal, un sens care se aplică vieții în general. Sensul vieții se referă la un scop impus vieții din exterior, ceva acordat ființelor, fără îndoială de un zeu sau de cosmos. Sensul vieții se referă astfel la ceva aflat dincolo de acea viață în discuție, care îi justifică semnificația. Pentru a găsi un sens satisfăcător al vieții, oamenii se îndreaptă în mod obișnuit spre orice tradiție religioasă la care aderă – creștinii pot consulta Biblia, musulmanii Coranul, hindușii Bhagavad Gita și așa mai departe – ca să afle ce rol joacă ei în planul general al lui Dumnezeu sau care le sunt locul și scopul în cosmos. Ce este comun aici e faptul că o autoritate de sus asigură sens vieții omului.

Există apoi chestiunea sensului în viață. Acesta este mult mai personal. Sensul în viață se referă la ceea ce face ca viața ta să aibă semnificație[108]: se referă la experiența sensului în cadrul propriei tale vieți. Această chestiune nu ține astfel de valorile universale, ci de valorile, scopurile și obiectivele care, consideri tu, merită să-ți ghideze viața. Se referă la identificarea sau crearea a orice care face ca viața ta să merite a fi trăită.

Deși poate fi adevărat că este imposibil să găsim un sens al vieții în absența unei credințe religioase sau a oricărui fel de credință în supranatural[109], nu există nimic care să te împiedice să-ți trăiești viața ca pe ceva valoros și încărcat de sens cu sau fără supranatural. Viața este în primul rând ceva ce trăiești, nu ceva ce observi în mod imparțial. Astfel, întrebarea supremă legată de viață este cum s-o trăiești ca pe ceva încărcat de sens, nu dacă are sens când este observată imparțial de sus. Eu unul sunt fericit să renunț la încercarea de a găsi sensul vieții pentru a mă concentra asupra problemei care contează cu adevărat: cum găsesc un sens în viața mea?

Spre deosebire de sensul vieții, în privința căruia se ajunge ușor la dispute metafizice, foarte străine de existența ta de fiecare zi, sensul în viață este ceva ce trăiești zilnic, prin orice acțiune a ta. De câte ori faci o alegere, conștient sau inconștient, ai tendința să optezi pentru varianta care, într-un fel, pare mai avantajoasă pentru tine. Micile și marile tale alegeri în viață se leagă astfel de lucrurile care fac ca viața ta să pară importantă și plină de semnificații. Adesea nu ai nici o teorie anume care să te ghideze, și totuși cumva unele dintre aceste alegeri și experiențe îți par mai semnificative decât altele. Valoarea și semnificația există astfel deja în viața ta ca experiențe trăite. De fapt, viața este plină de momente semnificative: îmbrățișarea unui bun prieten după o lungă despărțire, pregătirea unei mese savuroase pentru familia ta, realizarea unui proiect în echipă la locul de muncă, înțelegerea faptului că ai devenit mai competent într-un hobby care te pasionează, ajutorul acordat cuiva într-un moment când chiar are nevoie de el. Pentru a trăi aceste momente ca pe ceva semnificativ, nu ai nevoie de o teorie sau o justificare rațională. Le poți trăi pur și simplu semnificația inerentă.

Problema cu o bună parte din filozofia despre semnificația din viața omului este faptul că își ia ca punct de plecare „un punct de sus". Adică aruncă o privire imparțială și îndepărtată asupra vieții și apoi încearcă să deducă logic un sens al acesteia. Dar, fiind imparțială, această perspectivă a pierdut deja semnificația pe care tu o trăiești inevitabil în viața ta. Semnificația apare în cadrul vieții, nu în afara ei; a trăi experiența semnificației este la fel de firesc ca a trăi experiența căldurii sau a compasiunii. Astfel, în loc să privești din afara ta, poți începe să examinezi semnificația din interior, cercetând acele experiențe ale semnificației care fac deja parte din viața ta.[110]

Când îți muți atenția pentru a te concentra asupra sensului în viață – asupra acelor experiențe care fac ca viața ta să pară încărcată de sens –, înțelegi curând că ai numeroase relații, experiențe și emoții în viață care deja par semnificative pentru tine indiferent de explicația rațională legată de motive. Cât despre existențialiști, poate că nu superstarul mișcării, Jean-Paul Sartre, a avut dreptate cu privire la sensul uman, ci Simone de Beauvoir, ale cărei contribuții filozofice sunt adesea neglijate. Contrar fantasmelor lui Sartre despre un individ independent, total separat de alții, care își creează propriile valori din nimic, Beauvoir subliniază cum fiecare dintre noi este deja integrat într-o situație anume în interiorul căreia acționează.[111] Ea este de partea lui Sartre și a altor existențialiști când declară că nu trebuie să căutăm garanția valorilor impuse din afară. Dacă viața e să fie valoroasă, nu este pentru că cineva a făcut-o valoroasă, ci pentru că tu însuți o percepi ca atare. Dar, în loc să inventeze valori din nimic, existențialismul ei mai factual subliniază ideea că noi deja prețuim și dorim anumite lucruri. Pentru ea, existențialismul în formele sale extreme „închide omul într-o angoasă sterilă, într-o subiectivitate vidă" și este incapabil „să-i ofere principii pentru a face alegeri".[112] În schimb, ca ființe umane, suntem deja „în situație"; avem deja multe valori, convingeri și dorințe. De aici, din viața așa cum e ea trăită, poți și trebuie să-ți începi dezvoltarea morală și căutarea unor valori mai bune. Pentru a face loc unei asemenea dezvoltări, trebuie să rămâi deschis la schimbarea propriilor valori, scopuri și angajamente. După cum spune Beauvoir: „Omul nu trebuie să încerce să risipească ambiguitatea ființei sale, ci, dimpotrivă, să accepte s-o conștientizeze"[113]. În loc să pornești de la un punct de vedere imparțial sau de la zero, ți-ar fi mai bine să pornești de la ceea ce trăiești pe moment ca fiind valoros și ca meritând să i te dedici – și să construiești pe această bază. În centrul a ceea ce Beauvoir numește morala ambiguității se află un anumit gen de modestie cu privire la propriile valori, combinată cu o disponibilitate de a învăța și a te dezvolta – și aici consider eu că este punctul în care începe calea spre un mod de viață mai încărcat de sens.[114]

Când te gândești la semnificație, nu începe cu marile întrebări metafizice despre originea universului și așa mai departe. Începe, în schimb, cu experiența ta de viață. Începe de unde ești chiar acum. Meditează o vreme la experiențele recente pe care le-ai avut. Gândește-te care au fost mai semnificative. Apoi analizează-le pe cele mai puțin semnificative. Odată ce ai identificat cele mai semnificative experiențe din viața ta actuală, poți începe să te gândești cum să faci alegeri în viață care să garanteze mai multe asemenea experiențe în viitor. Dacă a petrece timp cu o anumită persoană este cel mai semnificativ moment la care te poți gândi, cum ai putea fi cu acea persoană mai des? Dacă anumite sarcini de lucru sunt mai importante pentru tine decât altele, ce-ai putea face pentru a-ți construi o carieră în care să folosești mai bine aceste competențe? Folosește-ți experiența de viață ca punct de plecare pentru a-ți intensifica sentimentul semnificației și al împlinirii. Și, dacă tot mai ești puțin blocat, nu-ți face griji. După cum va deveni limpede în capitolele următoare, există câteva valori de bază comune care te pot ajuta să identifici unde se află de obicei pentru majoritatea dintre noi sursa sensului în viețile noastre.

Paradoxal, când ne concentrăm pe sensul vieții, avem tendința să ne separăm unii de alții, emițând judecăți și distincții radicale care ne izolează și mai mult în camere-ecou autoreferențiale. Sistemul tău tradițional de convingeri, de exemplu, poate fi în contradicție cu al meu, iar diferența de opinii, dacă nu e tratată cu respect, poate crea cu ușurință o prăpastie între noi. Acest lucru nu e valabil în zilele noastre, nu într-o lume conectată global în care avem zilnic ocazia să întâlnim oameni din culturi diferite, cu specializări și sisteme de idei diferite de ale noastre. Dacă ne concentrăm pe sensul din viețile noastre totuși, e șocant câtă similaritate există în sursele noastre obișnuite de semnificație. Aceleași lucruri umplu de sens viețile oamenilor din întreaga lume, indiferent de contextul cultural. Condiția umană este cu adevărat universală și, în lumea noastră globalizată, a devenit important, poate mai mult decât oricând, să identificăm calitățile, caracteristicile și nevoile care ne unesc. Să sperăm că, identificând condiția noastră umană de bază, putem învăța totodată compasiunea și toleranța pentru a ne înțelege mai bine unii pe alții. Să privim mai atent cum avem tendința de a găsi un sens în viață în același fel, indiferent de deosebirile culturale dintre noi.

Sensul în fața suferinței și a morții

Este inevitabil pentru condiția noastră umană că, la un moment dat, vom suferi, iar unii dintre noi vor suferi mai mult decât alții. E un lucru trist și că moartea, până la urmă, ne va uni pe toți – e o soartă de care nimeni nu poate scăpa, indiferent de ideile noastre despre viața de apoi, rai sau iad, sau dacă de fapt asemenea planuri ale existenței sunt reale sau nu. Cum să înțelegi atunci sensul în fața unei asemenea realități sumbre? Oare moartea, ca punct final de cotitură, denaturează esența sensului însuși? Are toată această suferință, această moarte, un sens?

Pentru mulți dintre noi, problemele privind sensul vieții se leagă de credințele noastre religioase sau spirituale. Dacă acceptăm totuși faptul că vom trăi experiența suferinței și a morții în ciuda diferențelor religioase sau spirituale dintre noi, putem începe să vorbim despre ce înseamnă să găsești sensul în viață chiar în timp ce privim soarta sau o situație fără speranță ce nu poate fi schimbată. Cartea de față nu poate să ofere o alinare directă a suferinței. Există în viață boli și tragedii oribile, și nu e cazul să ne amăgim singuri că, dacă trebuie să trecem prin ele, nu vom suferi. Dar, dacă suntem convinși, în același timp, că viața omului, în principiu, nu are nici o valoare, atunci lupta cu orice situație dificilă devine și mai dificilă. E de folos când cineva poate găsi o speranță că există un sens chiar și în această situație. După cum scrie Viktor Frankl în *Omul în căutarea sensului vieții*: „Căci ceea ce contează atunci este să dăm dovadă de acel unic potențial uman la cotele sale cele mai înalte, care constă în a transforma o tragedie personală într-un triumf, în a transforma o nenorocire într-o realizare omenească. Când nu mai putem schimba o situație – gândiți-vă doar la o boală incurabilă, cum ar fi de pildă un cancer neoperabil –, atunci suntem provocați să ne schimbăm pe noi înșine“[115]. Acest gen de schimbare poate fi greu, dar în situații disperate s-ar putea dovedi singura noastră speranță.

Pe lângă suferință, moartea este celălalt obstacol pentru semnificație. Unii oameni par convinși că doar viața veșnică garantează o existență care are un sens. Dacă totul dispare mai devreme sau mai târziu, ce rost are lupta? Caracterul efemer al vieții, așa cum s-a spus în capitolul 2, este una dintre căile cele mai importante prin care ajungem să ne confruntăm cu absurditatea vieții. Faptul că viețile noastre sunt retezate de moarte este considerat adesea un argument distructiv împotriva ideii că viața ar avea un sens permanent. Și totuși nu văd nici un motiv pentru care nu poate exista sens fără veșnicie. Imaginează-ți că vezi un copil înecându-se într-un râu. Fără să te gândești, sari în apă și-l salvezi. Gestul tău eroic a fost extrem de important. I-ai schimbat cu adevărat viața băiatului, ceea ce are un sens, dacă are ceva sens în general. Semnificația gestului tău nu scade din cauză că, mai devreme sau târziu, poate peste optzeci de ani, băiatul tot va muri. Chiar dacă moare într-un moment din viitorul îndepărtat, gestul tău a făcut cu putință toți acești ani intermediari. Datorită ție, acest băiat a avut șansa să crească, devenind un bărbat sănătos și sigur pe sine, cu o carieră interesantă, o familie iubitoare, prieteni buni și toate celelalte lucruri pe care i le-a oferit viața. S-ar putea spune că actul tău de eroism a făcut această viață posibilă și s-a manifestat și în viețile tuturor celor cu care el a avut o relație – părinții, frații, prietenii și viitoarea lui familie.

Semnificația apare în timpul vieții, nu după ea. Deși oamenii sunt reflexivi, trăim cu adevărat viața doar în clipa prezentă. În acest sens, trecutul este doar o compilație de amintiri pe care le trăim în prezent. Viitorul e proiecția speranțelor și a predicțiilor pe care le facem în clipa de față. Așa cum afirmă filozoful Gregory Pappas, „previziunile, retrospecțiile și observațiile prezente se fac toate în prezent, pentru prezent“[116]. Îl citează aprobator pe filozoful John Dewey, care își rezumă rețeta privind semnificația după cum urmează: „Deci acționează ca să sporești sensul experienței prezente“[117]. Sensul în viață se referă la experiența semnificației. Și, din câte știu, trăim experiența în momentul prezent, chiar aici și acum. Semnificația a cărei experiență ai trăit-o în 2020 nu-ți va fi luată în 2030. Viața se compune din momente trecătoare, dintre care unele au mai mult sens decât altele. Iar faptul că ele nu durează o veșnicie nu le reduce din semnificație, așa cum a observat Aristotel: „Într-adevăr, binele nu este deloc în mai mare măsură bine pentru că este etern, la fel cum ceea ce este alb nu este mai alb dacă durează timp îndelungat decât dacă durează o singură zi“[118]. Acest lucru este adevărat cu privire la viață în general. Cantitatea de sens de care ai parte în viață nu se determină într-un punct misterios din viitorul îndepărtat. E ceva care se stabilește în fiecare zi, toată viața. Nu putem trăi sensul în viață decât atunci când suntem vii.

În loc să ne facă viețile să pară mai puțin încărcate de sens, conștiința morții ne poate face viețile să pară mai încărcate de sens și deosebit de importante. Conștientizarea faptului că timpul tău pe Pământ e limitat te poate ajuta să-ți apreciezi mai mult zilele. De aceea, experiența în apropierea morții care îi face pe oameni acut conștienți de caracterul limitat al existenței – depășirea unei boli fatale, de exemplu – îi determină adesea să-și regândească ordinea priorităților și să-și schimbe viața în moduri dramatice. E uneori tulburător să înțelegi că viața ta e cu totul altceva decât ce-ai vrea tu să fie: nu poți pluti prin viață amânând momentul când te oprești ca să contempli ceea ce contează cu adevărat în viață. Dacă vrei să-ți iei viața în propriile mâini, e bine s-o faci înainte să fie prea târziu. Nu e de mirare că filozofii stoici antici, filozofii existențialiști din secolul XX și budiștii au recomandat cu toții conștientizarea morții ca un important exercițiu de viață. *Memento mori* – amintește-ți că vei muri – a fost sloganul diferitelor tradiții ascetice și spirituale din întreaga istorie occidentală. Viața este scurtă. Așa cum a scris Samuel Beckett în *Așteptându-l pe Godot*: „Femeile nasc călare pe-un mormânt, ziua strălucește o clipă, apoi se face iar noapte“[119]. Cel mai bun remediu este să te hotărăști să faci în viață alegeri astfel încât să fii sigur că, atâta vreme cât ziua încă strălucește, zilele, săptămânile și anii care îți mai rămân merită trăiți.

Dar cum să te asiguri că zilele care îți rămân au atâta sens cât ți-ai dori tu să aibă? Pentru a răspunde la această întrebare, să analizăm factorii care fac în mod obișnuit ca experiențele de fiecare zi să pară că au un sens.

Cărțile, moartea și nouăzeci de ani de viață ai omului calculați în săptămâni

Pentru mine, conștiința condiției mele de muritor și a timpului limitat pe Pământ nu s-a materializat printr-o experiență în apropierea morții, ci mai degrabă, poate destul de normal pentru un filozof, prin cărți. Fiind un cititor avid, am adesea mai multe teancuri de cărți în jurul meu – unele sunt în categoria „lecturi obligatorii", iar altele sunt destinate teancului „de citit în curând". Într-o zi, după ce m-am mutat într-un apartament nou, mă gândeam ce să fac cu toate cărțile care nu încăpeau în noul meu spațiu. Am avut o revelație: era o șansă foarte bună să mă duc în mormânt fără să fi citit Baltasar Gracián, *Oracolul manual și arta prudenței*, Gunnar Myrdal, *Beyond the Welfare State*, sau Marcel Proust, *Contra lui Sainte-Beuve*. De fapt, când voi muri, multe dintre cărțile mele vor fi rămas necitite. Iată-mă stând în demisolul casei mele, uitându-mă la rafturile cu cărți și împăcându-mă cu limitele existenței umane – totul din cauza câtorva bestselleruri nedeschise. Nu vreau să fiu prea teatral în legătură cu asta, dar trebuie să recunosc că mi-am trecut degetele peste cotoarele lor într-un gest de bun-rămas.

S-ar putea spune că ceea ce m-a trezit și m-a făcut să mă împac cu gândul că sunt muritor sunt cărțile – sau cunoașterea faptului că aprecierea mea pentru ele e finită. Pentru prietenul meu, se poate să fi fost înțelegerea faptului că mai are de mâncat doar un număr limitat de fripturi de la restaurantul lui preferat: dacă merge acolo de trei ori pe an și mai are de trăit treizeci de ani, se mai poate bucura de mai puțin de o sută de fripturi. Tim Urban, autorul celebrului *Wait But Why*, a înțeles că, deși abia trecut de treizeci de ani, va ajunge să se bucure de scufundările în ocean – ceea ce face cam o dată pe an – de surprinzător de puține ori. „Oricât de ciudat ar părea", scrie el, „pot să mai intru în ocean doar de încă șaizeci de ori"[120]. Viața zboară; e bine să profiți de fiecare moment. Ideea e să te bucuri de zilele care ți-au mai rămas, amintindu-ți că viața asta, așa cum bine știm, e tot ce ai. Ca să fie mai limpede, poți socoti câte săptămâni ți-au mai rămas dacă trăiești, de exemplu, până la venerabila vârstă de nouăzeci de ani, așa cum a propus Urban. Câtor săptămâni dintre acestea le vei da un sens? Așa cum a spus bine-cunoscutul personaj de film Ferris Bueller: „Viața trece destul de repede. Dacă nu te oprești și nu te uiți în jur din când în când, o poți rata"[121].

O VIAȚĂ DE 90 DE ANI CALCULATĂ ÎN SĂPTĂMÂNI

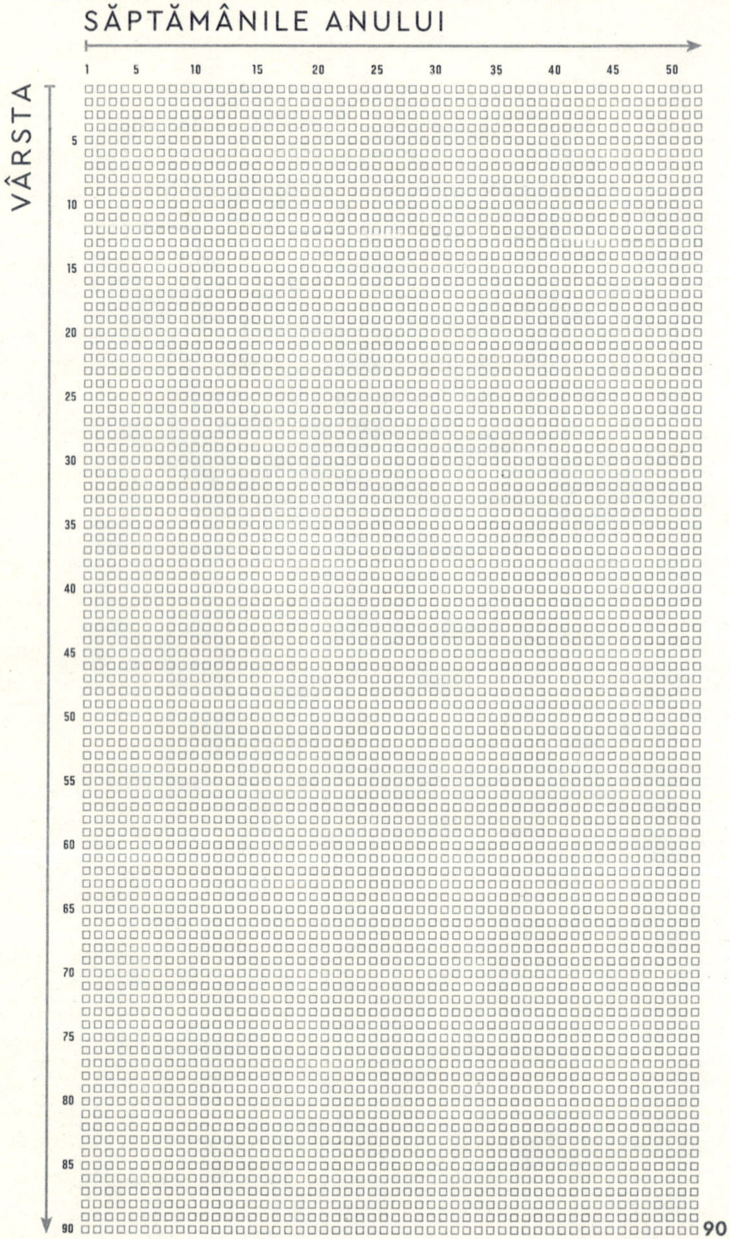

Pe baza postării „Your Life in Weeks“ de pe waitbutwhy.com

8. Construirea unui sistem personal de valori

„De ce merită viața trăită? E o întrebare foarte bună. Ei bine, sunt anumite lucruri care cred că-i dau valoare. Cum ar fi? OK, pentru mine, aș spune, Groucho Marx, ca să dau un exemplu, și Willie Mays, și a doua parte a Simfoniei Jupiter, *și înregistrarea* Potato Head Blues *a lui Louis Armstrong, filmele suedeze, evident,* Educația sentimentală *a lui Flaubert, Marlon Brando, Frank Sinatra, merele și perele acelea incredibile ale lui Cézanne, crabii de la restaurantul Sam Wo, chipul lui Tracy...“* —Woody Allen, *Manhattan*, 1979

Semnificația – ceea ce consideri că are sens și felul în care dorești să-ți organizezi viața în funcție de asta – reprezintă ceva profund personal și extrem de subiectiv; depinde în totalitate de experiența ta de a te mișca în această lume cu profilul tău psihologic, genetic și social unic, și cu structura ta. Oamenii consideră că viața lor are sens într-o mulțime de feluri. Ceea ce are sens pentru o persoană poate să nu însemne nimic pentru alta. Pentru un admirator fanatic al echipei Packers, să se uite la meciul de duminică împreună cu câțiva vechi colegi de liceu poate fi chiar definiția a ceea ce face ca viața să merite trăită, în timp ce pentru personajul lui Woody Allen din filmul *Manhattan* este a doua parte a *Simfoniei Jupiter* și alte câteva opțiuni potrivite unui intelectual newyorkez. Anumite zone din pădurea în care mi-am petrecut majoritatea verilor din copilărie sunt aproape sacre pentru mine, dar pentru oricine altcineva reprezintă doar o grămadă de pietre, mușchi și câțiva copaci. Contestarea acestei bogății de surse posibile de sens nu servește la nimic; cel mai bine este să acceptăm că fiecare dintre noi are surse personale de sens care au o logică doar pentru noi înșine, datorită istoriei noastre individuale. Totuși, în spatele acestei aparente bogății, există modele ușor de desluşit în ceea ce avem în comun.[122] Ca ființe ale evoluției, oamenii au fost modelați în anumite feluri, ceea ce înseamnă că unele surse de sens ni se dezvăluie mai ușor decât altele și exercită o atracție aproape universală. A ne baza căutarea sensului pe aceste surse poate fi calea spre cea mai solidă semnificație care ne este la îndemână nouă, ca ființe omenești imperfecte.

De la preferințele animale la valorile umane

„Înainte de a exista viața, nimic nu avea valoare. Dar apoi a apărut viața și a început să stabilească valori – nu pentru că recunoștea ceva, ci pentru că ființele care evaluau (anumite lucruri în special) aveau tendința să supraviețuiască." —Sharon Street, „A Darwinian Dilemma for Realist Theories of Value", 2006

De la creatura cea mai simplă până la cea mai complexă din punct de vedere biologic, animalele preferă anumite experiențe față de altele: plăcerea înaintea durerii, sațietatea în locul foamei. Diferite specii au sisteme de preferințe unice, bazate pe acele experiențe care s-au dovedit esențiale pentru supraviețuirea lor. O antilopă este atrasă de adăpătoare, dar, când vede un leu, fuge imediat. Oamenii nu fac excepție. Însăși condiția noastră umană are deja mai multe preferințe înnăscute care ne ghidează comportamentul pentru a ne asigura că primim ce avem nevoie ca să supraviețuim. Avem în comun cu alte animale multe dintre aceste instincte primare. Pentru a înțelege mai bine ce ne separă totuși, putem apela la lucrarea filozofului John Dewey.

Considerat părintele psihologiei funcționale și unul dintre cei mai importanți intelectuali publici ai Americii din primele decenii ale secolului XX, Dewey a făcut o distincție semnificativă între „a prețui“ și „a evalua“[123]. A prețui, adică a prefera ceva față de altceva, este un act în primul rând emoțional și are loc în mod natural. Orice animal se angajează într-o formă de prețuire. Oamenii totuși nu se mulțumesc doar cu preferințele. Noi ne angajăm și în evaluări, prin care ne estimăm și ne examinăm conștient preferințele și emitem judecăți cu privire la valorile care au, de fapt, semnificație pentru noi și merită a fi prețuite. Dorim mai mult de la valorile noastre decât doar să existe; dorim să fie justificate. Numai după ce o valoare a suportat testul riguros al unei examinări raționale ea devine ceva ce susținem, fie individual, fie social, și folosim ca unitate de măsură pentru corectitudinea acțiunilor și comportamentelor noastre. Animalele au preferințe instinctuale și dobândite, ceea ce putem numi protovalori. Doar oamenii au valori reale, înțelese ca valori cărora ne dedicăm în mod conștient și pe care le susținem rațional. Valorile nu există astfel în afara experienței umane, ci în cadrul ei, ca preferințe generale pe care de bunăvoie punem cel mai mare preț.

Valorile umane sunt ca instrumentele de încredere.[124] Le folosim în fiecare zi pentru a ne ajuta să ne ghidăm deciziile personale și pentru a adera mai bine la codurile sociale și morale. Dar angajamentul nostru față de cele mai sacre valori ale noastre este de obicei atât de puternic, încât dorim să ne bazăm viețile pe ele – în cazuri extreme, chiar să murim pentru ele. Ele sunt coloana vertebrală a unei existențe cu sens. O persoană fără valori e ca un animal, urmându-și instinctele fără constrângeri. Valorile ne ridică existența deasupra lumii animale și dincolo de jocul ei instinctual al supraviețuirii. Așa cum afirmă memorabil personajul de film Solomon Northup în *12 ani de sclavie*: „Nu vreau să supraviețuiesc. Vreau să trăiesc" – simpla supraviețuire nu e destul pentru ca viața să merite trăită. Atât recunoscând, cât și cultivând valorile cărora merită să li te dedici, reușim să ne impregnăm viețile cu un puternic sentiment al semnificației.

Dar cum identificăm – cum identifici tu, chiar acum – valorile care dau vieții sensul ei specific? În trecut, culturile obișnuiau să prescrie sisteme de valori la care toată lumea se presupunea că va adera. Astăzi ești totuși surprinzător de liber să-ți alegi propriile valori. Cum folosești corect această libertate? Cum îți consolidezi valorile susținând hotărât tot ceea ce ești?

Teoria autodeterminării – de la nevoile fiziologice de bază la nevoile psihologice de bază

Teoria autodeterminării, creată de profesorii Edward Deci și Richard Ryan, s-a transformat într-una dintre teoriile motivațiilor și nevoilor umane cele mai cercetate empiric, susținute de sute de studii. Ea se bazează pe ideea simplă că oamenii sunt ființe curioase din fire, automotivate și orientate spre dezvoltare, care nu doar că reacționează prompt la stimulii de mediu, ci își și autoreglează activ viețile în vederea dezvoltării și integrității, urmându-și propriile motive, scopuri și valori interioare.[125] Pe scurt, oamenii sunt activi. Când ne orientăm în lume, nu căutăm doar să ne satisfacem nevoile fizice – hrană, apă, locuință. Căutăm în mod natural și intuitiv mai mult în viață: printre altele, o șansă să ne exprimăm, să ne dezvoltăm și să ne utilizăm competențele, să ne simțim conectați cu alții. Oamenii nu se mulțumesc doar să supraviețuiască. Ca ființe active, ne stabilim în mod firesc sarcini și obiective nouă înșine. Căutăm provocări și creăm soluții inovatoare pentru a ne depăși limitele, și în același timp suntem ghidați de ceea ce Deci și Ryan definesc ca fiind nevoile noastre psihologice de bază, adică „nutrimentele psihologice înnăscute care sunt esențiale pentru creșterea psihologică continuă, integritate și starea de bine“[126]. Așa cum o ghindă are nevoie de sol, soare și apă pentru a crește și a deveni un stejar sănătos, ființele omenești au nevoie de anumite experiențe pentru a se dezvolta și a se transforma în indivizi sănătoși psihologic.

Cercetările privitoare la nevoile psihologice de bază au drept scop identificarea acelor experiențe de care oamenii au trebuință pentru a se simți bine și a avea succes în viață. Dacă nevoile tale psihologice de bază nu sunt îndeplinite pe moment, te simți rău și neliniștit. Totuși, când reușești să-ți satisfaci nevoile, nu doar că te simți bine, dar asta contribuie și la integritatea și la starea ta de bine psihologică generală. În același timp, aceste nevoi te ajută să te angajezi în activități care încurajează dezvoltarea în viața ta. Ele sunt orientate spre dezvoltare, în sensul că nu sunt imediat legate de supraviețuirea ta așa cum sunt nevoile fizice. În schimb, prin ele se creează abilitățile, resursele și legăturile sociale care pot părea importante în sine, dar adesea devin utile când apar provocările mai târziu în viață. Din fericire, nu este doar satisfăcător că răspund la nevoile orientate spre dezvoltare, ci este și ceva ce multora dintre noi ne place să facem. Și iată surpriza: construirea principalelor tale valori pe aceste nevoi umane orientate spre dezvoltare este cea mai bună rețetă pentru o viață încărcată de sens.

Nevoile psihologice de bază pe care să-ți construiești valorile

„Este imposibil să studiezi «sensul vieții» în mod abstract, sau în general, sau pentru o ființă mitică perfect rațională. Nu vom putea nici măcar deschide acest subiect dacă nu vom cunoaște mai întâi ce fel de ființe suntem, cu arhitectura mentală și emoțională complexă pe care o posedăm.“ —Jonathan Haidt, *Happiness Hypothesis*, 2006*

Teoria autodeterminării recunoaște trei nevoie psihologice de bază: autonomia, competența și conectivitatea.[127] Când aceste trei nevoi sunt satisfăcute, oamenii au parte de mai multă stare de bine și motivare intrinsecă – și, desigur, de mai mult sens în viață.

Autonomia înseamnă a fi autorul propriei vieți. Ești în stare să faci alegeri voliționale pentru a trăi conform propriilor preferințe, să te angajezi în activități pe care personal le consideri interesante și care exprimă cine ești, și să urmezi scopuri pe care le găsești importante. Competența înseamnă a avea un sentiment al desăvârșirii în propria viață. Ai încredere în capacitățile tale, te simți priceput în activitățile pe care le desfășori și crezi că îți vei atinge scopurile. Competența nu trebuie să fie statică: poți trăi sentimentul competenței pe măsură ce

---

* Jonathan Haidt, *Ipoteza fericirii: Armonia dintre știința modernă și vechea înțelepciune*, trad. Simona Drelciuc, Humanitas, București, 2020, p. 287 (n. tr.).

înveți ceva nou sau îți perfecționezi abilitățile. Conectivitatea se referă la un sentiment al legăturii cu alții, al afecțiunii pentru ei, ca și al afecțiunii lor pentru tine. Aceste trei nevoi formează triada nevoilor psihologice pe care se pot dezvolta autodeterminarea, starea de bine și sentimentul sensului în viață. Totuși, în ceea ce privește viața cu sens, cred că există o componentă importantă care lipsește din ecuație.

Bunăvoința este definită de obicei ca „o dispoziție de a face bine". Se referă la dorința de a avea un impact pozitiv asupra vieților altor oameni, a societății sau a lumii în general.[128] Poate fi banală – a-l face pe un vecin să zâmbească – sau importantă – salvarea cuiva dintr-o clădire în flăcări. Mică sau mare, când simți că viața și acțiunile tale au un impact pozitiv asupra lumii, simți că însemni ceva – contribuția ta e semnificativă. Dacă cercetările mele și ale altora nu au confirmat că bunăvoința este o nevoie psihologică în sine[129], s-a dovedit că ea are o contribuție importantă la starea noastră de bine și mai ales la sentimentul că viața noastră are un sens. Drept urmare, când e vorba de ceea ce dă sens vieții, aș paria pe autonomie, competență, conectivitate și bunăvoință.[130]

Ca ființă umană, ai astfel anumite nevoi psihologice înnăscute. Când reușești să satisfaci aceste nevoi, câștigi un sentiment profund, aproape visceral, al împlinirii și satisfacției. Pasul următor spre a te bucura de mai mult sens în viață este să construiești pe această bază, adoptând aceste nevoi – și satisfacerea lor – ca pe valorile esențiale din sfera vieții tale interioare.[131] Fiecare nevoie psihologică înnăscută trebuie astfel să fie însoțită de o valoare corespunzătoare, susținută rațional, iar urmărirea acestor valori este o cale spre un sentiment al sensului în viață. Astfel, nevoia de autonomie e însoțită de aprecierea autenticității și a exprimării de sine; nevoia de competență, de aprecierea măiestriei într-un domeniu și a excelenței; nevoia de conectivitate, de aprecierea apartenenței; iar nevoia potențială de bunăvoință, de aprecierea contribuției.

Dacă dorești să afli cum să trăiești o viață plină de sens, sugestia mea este să urmezi acest cvartet. El trezește un puternic interes intuitiv, iar susținerea sa duce la bune rezultate, în plan individual și social. Capacitatea sa de integrare în natura umană îl face destul de solid și de autojustificator pentru a oferi răspunsuri adecvate la întrebarea privind sensul. Mai înseamnă că este susținut dincolo de granițele culturale, religioase, economice și de alt fel.[132] Apreciind ceea ce toți oamenii consideră în mod natural deja semnificativ, nu doar că-i poți recruta pe cei din jurul tău pentru a-ți susține sistemul de valori, dar ai și o șansă mult mai bună de a găsi puncte comune chiar și între oameni provenind din medii diferite. Indiferent de unde vii, ce religie ai sau ce altă particularitate sau diferență există între tine și vecinul tău, natura noastră umană de bază ne unește, iar de aici poți obține cel mai puternic sens al vieții și cea mai intensă valoare a ei. Pe lângă faptul că sunt intuitive și că merită să te dedici lor, aceste valori sunt și ușor de pus în practică.

Obții ceea ce cauți

„Ai grijă ce-ți dorești, s-ar putea să se împlinească." —Proverb

Oamenii pot urmări multe scopuri și valori, dar cercetările au arătat că urmărirea scopurilor potrivit nevoilor noastre de bază este benefică pentru starea noastră de bine și sentimentul că viața noastră are sens, în timp ce urmărirea scopurilor independente de ele poate duce, în unele situații, la o creștere a stării de rău. De exemplu, un studiu efectuat de Richard Ryan, Edward Deci și Christopher Niemiec de la Universitatea din Rochester, cu câțiva ani înainte de a ajunge eu acolo, le-a cerut studenților să se gândească la urmărirea anumitor scopuri în viață.[133] Unele scopuri corespundeau cum se cuvine nevoilor de bază orientate spre dezvoltare: dorința de a avea relații bune cu alții, de a ajuta comunitatea și de a se dezvolta mai mult ca persoană. Alte scopuri au avut o natură extrinsecă, precum căutarea averii, a celebrității sau a unui aspect plăcut. Un an mai târziu, acești studenți au fost contactați și întrebați cum se raportează statutul lor actual la scopurile propuse. Privind rezultatele, cercetătorii au observat, în primul rând, că obții ceea ce cauți. Considerarea anumitor scopuri ca importante a avut tendința să antreneze un progres mai substanțial în atingerea acelor scopuri. Oamenii care au prețuit păstrarea bunelor relații au simțit că relațiile lor s-au adâncit. Oamenii care au prețuit aspectul fizic au simțit că aspectul lor s-a îmbunătățit. Nimic surprinzător aici: dacă prețuiești ceva, ai tendința să depui efort pentru a-l obține, iar dacă depui efort, ai și tendința de a avansa spre acel scop. Dar cercetătorii au analizat și efectele urmăririi scopurilor asupra stării de bine. S-a dovedit că progresele făcute în privința scopurilor corespunzătoare nevoilor de bază au crescut senzația oamenilor că se simt bine. Totuși, progresele în realizarea scopurilor extrinseci care nu au legătură cu aceste nevoi nu au sporit starea de bine – de fapt, chiar au accentuat ușor sentimente precum anxietatea și alte emoții negative. Astfel, chiar dacă studenții care urmăreau averea, celebritatea și aspectul plăcut au înregistrat progrese în atingerea scopurilor importante pentru ei, aceste progrese i-au făcut să se simtă rău, în loc să le îmbunătățească sentimentul stării de bine. Alege-ți scopurile cu înțelepciune; cele care corespund nevoilor de bază – autonomia, competența, conectivitatea și, în acest caz, bunăvoința – îți pot spori starea de bine. Scopurile care nu au legătură cu aceste nevoi de bază te pot face să te simți mai rău – chiar și atunci când le atingi.

PARTEA A TREIA

CĂI SPRE O VIAȚĂ MAI PLINĂ DE SENS

9. Investește în propriile relații

„Viața ta are valoare atâta timp cât atribui valoare vieții altora, prin iubire, prietenie, indignare și compasiune.“ —Simone de Beauvoir, *La Vieillesse*, 1970

Un filozof intră într-un bar și un chefliu îl întreabă: „Care e sensul vieții?“ Acest filozof sunt eu, și este o întrebare inevitabilă odată ce oamenii află cu ce mă ocup. Mi s-a întâmplat asta de suficient de multe ori încât să am o replică pregătită. Voi explica mai întâi că nu e vorba de sensul vieții, ci de sensul în viață, înainte de a spune poanta. Explicația are două părți, prima fiind următoarea: sensul în viață se referă la a avea tu însuți semnificație pentru alții. E simplu. Uită de sensul vieții. Viața ta devine importantă pentru tine când tu ești important pentru alții: ajutând un prieten, de exemplu, împărtășind un moment special cu cineva drag sau, mai simplu, interacționând cu un filozof bine intenționat și cumpărându-i o bere extrem de necesară.

Când simțim că viețile noastre sunt importante pentru alți oameni, reușim să vedem valoarea din propriile noastre vieți. Universul poate fi tăcut, dar prietenii noștri și familia, colegii și comunitatea ne umplu viețile cu vocile, energia și vitalitatea lor. Iar oamenii pentru care noi suntem cei mai importanți sunt cei care țin la noi cel mai mult. Așa cum a spus filozoful Antti Kauppinen, pentru cei care ne iubesc, noi suntem de neînlocuit: chiar dacă oricine poate cumpăra un cadou pentru un anumit copil, „nu va avea aceeași semnificație ca un dar lucrat manual primit de la un părinte“, după cum scrie el.[134] În relațiile strânse, jucăm un rol unic și de neînlocuit pentru cealaltă persoană, adesea doar prin simpla noastră prezență.

Dacă știm ceva despre natura umană, e faptul că suntem animale sociale. În „The Need to Belong“, un articol remarcabil publicat în *Psychological Bulletin* în 1995, profesorii Roy Baumeister și Mark Leary au făcut o afirmație care de atunci a devenit o teză larg acceptată – și clar evidentă – în psihologie: „Nevoia de apartenență este o motivație umană fundamentală“[135]. Am evoluat pentru a trăi în grupuri și a ține unii la alții; instinctul de a construi relații sociale puternice este adânc înrădăcinat în umanitatea noastră.

Natura noastră socială este totuși mai profundă decât simpla afecțiune față de alții: e în firea noastră să avem, drept centru al vieții noastre, nu pe *mine*, ci pe *noi*. A fi într-o relație strânsă este ceva descris de psihologi ca o stare de „a-l include pe altul în sine“[136]. Într-adevăr, cercetările neurologice au demonstrat că, atunci când te gândești la tine însuți și când te gândești la cineva drag, se activează anumite zone din creier care nu sunt activate când te gândești la un străin.[137] Creierul este programat să fie social, iar oamenii, să trăiască împreună cu alții. Așa cum explica atât de frumos filozoful francez Maurice Merleau-Ponty: „Colaborăm într-o reciprocitate perfectă, perspectivele noastre lunecă una în alta, coexistăm de-a lungul aceleiași lumi“[138]. Deși cultura noastră occidentală individualistă ne-a obișnuit să trasăm granițe deosebit de clare între sine și altul, capacitatea de a fi atât de separați de alții este mai degrabă o realizare culturală decât modul nostru tipic de a fi. Ținem la starea de bine a celor de lângă noi aproape la fel de mult pe cât ținem la propria stare de bine. Uneori, ca atunci când suntem părinți, putem să ținem la starea de bine a unui copil mai mult decât la a noastră. Indiferent spre care domeniu științific ne întoarcem privirea – biologie, cercetare neurologică, cercetarea evoluției, psihologie socială, economie comportamentală, chiar cercetarea primatelor –, găsim dovezi ale nevoii noastre de a crea relații strânse și afective cu alții și ale modului cum în aceste relații granița între sine și celălalt începe să se estompeze.

Numeroase dovezi ne arată că, într-adevăr, conectivitatea este pentru noi o sursă esențială de sens. Atunci când cercetătorul Nathaniel Lambert de la Florida State University a cerut unui grup de studenți, după cum s-a exprimat el, „să aleagă acel unic lucru care face viața mai plină de sens pentru voi", două treimi dintre respondenți fie au numit un membru anume al familiei, fie și-au menționat, în general, familia.[139] Categoria „prieteni" a figurat pe locul al doilea, ca sursă de sens menționată frecvent. Pew Research Center a obținut rezultate similare atunci când patru mii de americani au fost rugați să descrie cu propriile cuvinte ce le oferă un sens în viață: 69 % au menționat familia și 19 % prietenii.[140] Alte studii au arătat în mod similar că sentimentul de apropiere față de familie și prieteni este asociat cu un sentiment sporit al sensului în viață, iar gândul la oameni „de care simți cu adevărat că ești legat" conduce la niveluri mai ridicate ale sensului.[141] Familia, prietenii și alte relații apropiate sunt, pentru mulți oameni, surse importante de sens în viețile lor. Și contrariul este adevărat: excluderea socială duce la sentimentul lipsei de sens. De exemplu, cercetătorul Tyler Stillman și colegii lui au recrutat un grup de studenți pentru a participa la un studiu, aparent, despre primele impresii. Cei 108 studenți s-au înregistrat singuri câteva minute, prezentându-se.[142] Cercetătorii au arătat apoi, chipurile, acest video altor studenți și i-au întrebat dacă e cineva care dorește să-i întâlnească pe realizatorii filmului: nimeni nu a vrut să-i întâlnească. (În realitate, nimeni nu a văzut filmul; cercetătorii le-au spus pur și simplu realizatorilor că au fost refuzați.) Rezultatele studiului nu sunt surprinzătoare: realizatorii filmului și-au apreciat viețile ca având mai puțin sens decât alt grup care nu a trăit această experiență a excluderii sociale.

Dar noi nu avem nevoie de studii care să ne spună că întâlnirile cu alți oameni sunt o sursă importantă de sens. Ca tată a trei copii mici (care au doi, cinci și șapte ani la scrierea acestei cărți), nu trebuie să mă uit prea departe ca să văd care sunt momentele cele mai semnificative din viața mea de fiecare zi – ajung acasă de la muncă, îl iau pe copilul cel mai mic în poală, încep o trântă cu cel de cinci ani și port conversații surprinzător de interesante, dacă nu chiar inteligente, cu cel de șapte ani. Momente ca acestea sunt intime, afectuoase și pline de căldură – și de fapt foarte încărcate de sens. La fel sunt și momentele private pe care le trăiesc cu partenera mea, când nici un copil nu ne mai solicită atenția și când ne putem privi în ochi amintindu-ne că – da – aceasta este persoana de care m-am îndrăgostit cu atâția ani în urmă. Cu riscul să sune sentimental, lista continuă – vechi prieteni, colegi, părinții, frații și surorile, familia extinsă –, așa cum sigur că se întâmplă și cu a ta.

În lumea modernă, există din fericire o mulțime de alternative pentru ca oamenii să aibă relații și legături solide unii cu alții fără a avea neapărat apropierea unei „familii". Un grup de prieteni de-ai mei, de exemplu, care au decis să nu aibă copii, trăiesc împreună cu alți indivizi care gândesc la fel. Câțiva colegi din echipa mea de fotbal, la rândul lor, s-au simțit atât de devotați acestei comunități sportive a noastre, încât și-au tatuat recent logoul echipei. Alți colegi de-ai mei s-au dedicat activității din cartier, oferindu-și voluntar timpul, pasiunea și resursele pentru a-și face cartierul mai activ și mai centrat pe comunitate. Frumusețea epocii moderne este că avem libertatea să alegem care sunt sursele de sens cele mai legate de viețile noastre. Din nefericire, așa cum stau lucrurile cu o mare parte din modernitate, asta este și o binecuvântare, și un blestem.

Suntem martorii unei erodări a comunității în țările occidentale moderne?

„Nu poate fi fericit cineva care se uită numai la dânsul și care aduce toate lucrurile spre interesul lui: trebuie să trăiești pentru altul, dacă vrei să trăiești pentru tine." —Seneca, *Epistulae Morales ad Lucillium*, circa 65 d.Cr.*

Am întrezărit ceva dintr-un stil de viață uitat în lumea noastră modernă, frenetică și urbanizată, atunci când am petrecut o săptămână într-un mic sat cu două mii de locuitori, accesibil doar cu barca, de pe coasta de est a

* Seneca, *Scrisori către Luciliu*, trad. Gheorghe Guțu, Humanitas, București, 2020, Cartea a V-a, Scrisoarea a XLVIII-a, p. 151 (n. tr.).

Republicii Nicaragua. Sentimentul comunității și ritmul lent al vieții erau imediat vizibile. M-am împrietenit cu un localnic în prima seară și m-am plimbat cu el prin sat; părea că fiecare a patra persoană întâlnită era un verișor de-al lui. Ne-am oprit de fiecare dată să stăm de vorbă, fiindcă nimeni nu părea să se grăbească. Pentru el, acel sătuc reprezenta întreaga viață: se născuse acolo, îi cunoștea pe oamenii aceia dintotdeauna și avea probabil să îmbătrânească și să moară tot acolo, înmormântat în același cimitir cu părinții și bunicii lui. Cu cât petreceam mai mult timp în sat, cu atât simțeam că acela era modul natural de viață, nu stilul de acasă, frenetic, urban, izolat și orientat spre proiect.

Ce-i drept, ai tentația să socotești traiul pe această coastă drept paradis. Fiind un observator ocazional și un outsider, nu am putut să văd exact dramele zilnice sau încercările și obstacolele interpersonale care sigur existau. Îmbolnăvirea cuiva din sat, de exemplu, putea deveni rapid o tragedie în absența asistenței medicale cu care suntem obișnuiți noi în Occident. Totuși, nu am putut să nu invidiez și să nu mă mir de puternicele lor legături sociale. Sătenii erau înconjurați tot timpul de oameni pe care îi cunoșteau de ani de zile; familiile lor și cei mai buni prieteni erau cu toții la distanță mică unii de alții, și aproape fiecare chip întâlnit într-o zi era cunoscut.

În cea mai mare parte a istoriei, oamenii au trăit într-un fel care se aseamănă mai mult cu viața acestor săteni decât cu a cetățenilor occidentali de azi. Triburile de vânători-culegători erau comunități compacte și intime. În societățile agricole, oamenii aveau tendința de a rămâne pe loc, trăind de obicei de la naștere până la moarte în aceeași comunitate. Comparativ, occidentalii de astăzi sunt dezrădăcinați și izolați. Familia extinsă a cedat locul familiei nucleare, rudele locuind adesea la mii de kilometri distanță. Rudele noastre „cele mai apropiate“ nu mai sunt chiar foarte aproape de noi.

Povestea comunității și a modernizării nu este totuși doar o poveste a declinului. De fapt, individualismul a dat naștere unor noi forme de comunitate, indisponibile anterior agricultorului sau vânătorului-culegătorului. Dacă poate am avut de pierdut în materie de stabilitate și apropiere, care caracterizau odată comunitățile, am câștigat libertatea și posibilitatea de a ne alătura unor comunități pe baza valorilor și intereselor noastre personale. A fi născut într-o comunitate în care nu-ți găsești locul, dintr-un motiv sau altul, putea duce la o tragedie pe viață. În zilele noastre e adeseori mai bine – te poți alătura unor comunități diferite, care se potrivesc mai mult cu concepția ta despre lume și cu interesele tale. Un nou liceu, o nouă facultate sau slujbă, un nou cartier prezintă adesea oportunități pentru a-ți construi o nouă identitate în ochii altora.

Comunitățile tradiționale au fost adesea și destul de opresive, impunând anumite norme și concepții de viață și implicând ierarhii rigide în care femeile, de exemplu, aveau un statut inferior. Deși unii cercetători au tras semnalul de alarmă în privința erodării comunității în Statele Unite și în Occident, cel mai cunoscut fiind poate profesorul Robert Putnam, cu importanta sa carte *Bowling Alone*, lumea academică nu pare să fi ajuns la un consens cu privire la un eventual declin abrupt al sentimentului comunității în ultimele câteva decenii.[143] De fapt, unele studii sugerează chiar că un individualism mai accentuat poate fi asociat cu un capital social mai mare – cu cât un stat din SUA e mai individualist, cu atât locuitorii săi sunt mai înclinați să aibă încredere în străini, să aparțină diferitelor grupuri și să aibă niveluri mai ridicate de capital social. Și același lucru e valabil la nivel internațional: o comparație între patruzeci și două de țări a indicat în mod similar că nivelurile mai ridicate ale individualismului erau legate de un număr mai mare de membri ai grupului și de mai multă încredere în străini. Astfel, cercetători precum Jüri Allik și Anu Realo susțin că „individualismul este o precondiție pentru creșterea capitalului social – cooperarea și parteneriatul benevol între indivizi sunt posibile doar atunci când oamenii au autonomie, autocontrol și un sentiment matur al responsabilității“[144].

Relația modernizării și a individualismului cu sentimentul comunității și al apartenenței este complexă. Unele forme de comunitate ar putea fi în declin, în timp ce altele par să fie în creștere. Se poate să fi pierdut comunitățile de o viață ale strămoșilor noștri, aflate în apropiere, dar am câștigat șansa de a ne alătura de bunăvoie comunităților în care individualitatea noastră poate înflori printre oameni care gândesc la fel ca noi. Totuși, dacă e să dăm mai mult sens vieților noastre – și vieților copiilor și nepoților noștri –, trebuie să colaborăm pentru a consolida formele de comunitate pe care le avem la dispoziție. Sensul ține de conectare.

Adesea, modul cel mai bun și mai ușor de a-ți îmbunătăți propriul sentiment privind starea de bine și semnificația este de a schimba perspectiva: să te concentrezi mai puțin asupra ta și mai mult asupra legăturii cu alții.

O formulă pentru o viață bine trăită

Cu câțiva ani înainte ca Sebastian Vettel să devină cel mai tânăr campion mondial de Formula 1 – și ulterior campion de patru ori, simbol internațional și multimilionar –, doctorul său, Aki Hintsa, i-a dat o foaie de hârtie și un plic. Sarcina: scrie numele celor mai importanți oameni din viața ta și de ce sunt importanți. Vettel a făcut ce i s-a cerut și a lipit plicul în care a pus hârtia. Hintsa l-a sfătuit să-l păstreze, spunând: „Când o să ai succes, mult mai mulți oameni vor dori să facă parte din viața ta... Verifică această hârtie ca să vezi cine sunt adevărații tăi prieteni și nu uita să ții legătura cu ei"[145].

Doctorul Hintsa a folosit acest exercițiu cu mulți dintre pacienții săi, cerându-le adesea să facă o listă cu oamenii pe care i-ar lua cu ei într-o croazieră de mai multe luni sau pe o insulă îndepărtată. Gândește-te tu însuți la asta. Pe cine ai lua? Poți identifica oamenii care sunt cu adevărat importanți pentru tine, simplul fapt de a fi împreună cu ei fiind o sursă de vitalitate și semnificație? Odată ce i-ai identificat, gândește-te cât timp și energie le dedici în prezent. În plus, gândește-te la interacțiunile tale cu ei: ai fost loial și sincer cu ei, cu tine însuți?

Printre pacienții lui Hintsa se numărau mulți indivizi de succes, capabili și competenți, care s-a dovedit că și-au sacrificat și neglijat adesea relațiile de familie și prieteniile importante pentru carieră. Un director de firmă, de exemplu, avea obiceiul să-și ducă soția și copiii în vacanțe de lux în locuri exotice. Acolo își înscria copiii la tot felul de activități palpitante și își trimitea soția la SPA. Eliberat de familie, petrecea multe ore lucrând departe de birou. Dacă asta se întâmplă din când în când, nu e mare lucru, dar dacă devine un comportament obișnuit, cum a fost cazul lui, ajunge problematic în imaginea de ansamblu a vieții sale. Copiii doresc aventuri, iar soțiile pot aprecia o zi într-un SPA bun, dar, dacă acest gen de lux înseamnă pierderi la capitolul relații de familie, nici o vacanță exotică nu poate remedia o legătură parentală sau maritală tensionată. Sfatul obișnuit al lui Hintsa, atât pentru atleți, cât și pentru directori, a fost același: petrecerea timpului cu oamenii pe care îi iubești trebuie să fie în fruntea listei tale de priorități.

Atunci când cercetătoarea finlandeză Leena Valkonen a intervievat pentru teza ei de doctorat copii între unsprezece și treisprezece ani cu privire la ce vor ei de la părinții lor, una dintre cel mai des menționate dorințe a fost timpul. Un băiat de doisprezece ani a scris: „Părinții ar trebui să-și aducă aminte că familia e pe primul loc, iar munca vine abia după“. Și nu e nevoie ca acest timp petrecut în familie să fie ceva extraordinar. Majoritatea copiilor doresc să facă lucruri obișnuite, normale cu părinții lor – să gătească, să stea de vorbă, să facă curățenie, să asculte muzică, să se joace cu mingea sau doar să fie împreună. Așa cum a spus un copil: „Părinții trebuie «doar să fie» acasă“[146].

Revenim la tânărul Sebastian Vettel, care a luat în serios exercițiul lui Hintsa. Peste câțiva ani, când a devenit simbolul mondial care este acum, toată lumea a dorit ceva de la el. Și-a amintit de conținutul plicului și, de-a lungul anilor, și-a protejat cu grijă cercul familiei restrânse și al prietenilor apropiați, făcându-și timp pentru ei în ciuda celebrității și a atenției frenetice pe care i-o acorda presa. E încă împreună cu prietena sa din copilărie Hanna Prater, cu care are doi copii. A înțeles că, indiferent cât de mult succes ai, secretul pentru o viață cu sens și bine trăită este să existe câțiva oameni buni în viața ta, în care să poți avea deplină încredere, la care să ții și pe care să-i iubești. Chiar dacă sunteți împreună pe o mică barcă cu pânze vreme de multe luni sau izolați pe o insulă îndepărtată, sau pur și simplu prinși în rutina zilnică a ceea ce înseamnă să fii om, aceștia sunt oamenii pe care îi dorești în colțul tău de lume, orice s-ar întâmpla. Ei îți fac viața mai bună, iar tu faci același lucru pentru ei. Dacă ai noroc, numele *tău* e scris pe o foaie aflată într-un plic care aparține cuiva pe care îl iubești.

10. Ajută-i pe alții, ajută-te pe tine însuți

„Oricât de egoist s-ar putea presupune că este omul, în natura lui există în mod evident unele principii care îl determină să-i pese de soarta celorlalți și care fac să-i fie necesară fericirea lor, chiar dacă el nu se alege cu nimic de pe urma ei, afară de plăcerea de a-i fi martor.“ —Adam Smith, *The Theory of Moral Sentiments*, 1759*

Este Ajunul Crăciunului, 1945, în orășelul Bedford Falls, New York, și George Bailey stă pe un pod, privind apele întunecate de jos, gata să se sinucidă. Afacerea lui e pe cale să dea faliment, și nu și-a împlinit visurile. E beat și disperat și nu vede altă rezolvare.

Filmul clasic al lui Frank Capra *O viață minunată* este unul dintre cele mai îndrăgite din toate timpurile. Tocmai când George Bailey e gata să se arunce de pe pod, apare un înger pe nume Clarence Odbody, care sare în apă, iar George e obligat să-l salveze, uitându-și planul. Când George îi spune după aceea: „Dacă n-aș mai fi, toată lumea ar duce-o mult mai bine“, Clarence intră în acțiune și îi arată lui George cum ar fi fost viața fără prezența lui stabilă și iubitoare. George pătrunde atunci într-o realitate alternativă care îl îngrozește: fratele lui a murit, unchiul îi este internat, soția sa e singură și întregul oraș e într-o stare cumplită. George înțelege rapid impactul pozitiv pe care l-a avut el asupra vieții

---

* Adam Smith, *Teoria sentimentelor morale*, trad. Dan Crăciun, Publica, București, 2017, p. 25 (n. tr.).

concetățenilor săi, inclusiv asupra membrilor propriei familii. Datorită lui și numeroaselor alegeri și sacrificii personale pe care le-a făcut, mulți oameni din jurul lui sunt mult mai bine. Dorința sa de a se sinucide e înlocuită de dorința de a se întoarce acasă și de a-i sprijini pe oamenii la care ține și care țin la el.

Sensul în viață se referă la a fi important pentru alții, așa cum s-a amintit anterior, dar există cel puțin două căi de a realiza acest lucru. Nu suntem importanți doar pentru oamenii cu care avem relații apropiate, ci și pentru cei ale căror vieți am reușit să le influențăm în mod pozitiv. Aceasta este a doua sursă crucială de sens în viață. Când reușești să ajuți lumea, oricât de puțin, asta tinde să sporească sentimentul sensului în propria ta viață.

Gândește-te la o persoană care a dus o viață deosebit de plină de sens: îți vin probabil în minte nume ca Martin Luther King Jr., Mahatma Gandhi, Nelson Mandela sau Maica Tereza. Ce îi unește e faptul că acțiunile lor au avut un impact pozitiv în viețile unor întregi generații de oameni. Contribuțiile lor extraordinare aduse în folosul lumii în general – adesea cu un sacrificiu personal semnificativ – ne fac să-i vedem ca modele de vieți încărcate de sens. Să-l luăm de pildă pe Nelson Mandela, care, după ce și-a petrecut douăzeci și șapte de ani din viață în închisoare, s-a oferit să devină liderul partidului ANC (African National Congress) din Africa de Sud după un secol de apartheid și opresiune a oamenilor de culoare. Cu politica sa de iertare și nonviolență, a reușit să împiedice țara să alunece într-un război civil care sigur ar fi însemnat moartea și suferința profundă a zeci de mii de oameni. Influența lui Mandela asupra istoriei lumii a fost puternic pozitivă și este unul dintre motivele pentru care viața lui e considerată atât de des paradigma unei existențe cu adevărat pline de sens. În mod similar, când ne gândim la ocupații deosebit de importante, în frunte se află de obicei pompierii, asistentele medicale și doctorii. În plus, ce unește aceste profesii e faptul că fiecare dintre ele contribuie neîndoielnic pozitiv la viețile altora. Adesea, când vorbim despre importanța sau lipsa de importanță a ceva, vorbim în realitate despre faptul că acel ceva a avut sau nu un impact pozitiv asupra altor oameni și a lumii în general.[147]

Așadar, nu este surprinzător faptul că, atunci când cercetătorii le cer oamenilor să se angajeze în acțiuni de care beneficiază alți oameni, ei au tendința să raporteze aceste acțiuni ca având sens. Cu câțiva ani în urmă, împreună cu profesorul Richard Ryan, am decis să testăm această teorie.[148] Am invitat studenți de la Universitatea din Rochester să joace un joc simplu pe calculator: studenții au citit un cuvânt din partea de sus a monitorului unui computer și patru cuvinte din partea de jos. Apoi li s-a cerut să aleagă dintre cele patru cuvinte pe acela sinonim cu cel din partea de sus a monitorului. După ce au jucat douăzeci de minute, le-am cerut studenților să aprecieze câtă importanță au găsit în acest joc. Dacă ai făcut vreodată lucruri redundante la serviciu, poți bănui probabil unde s-a plasat această activitate pe o scară a sensului.

Jumătate dintre participanți au jucat jocul așa cum li s-a spus. Celeilalte jumătăți i s-a spus totuși că, pentru orice răspuns corect, se va face o mică donație către Programul Alimentar Mondial al Națiunilor Unite spre a ajuta la combaterea foametei în toată lumea. Exact același joc, dar cu posibilitatea unei contribuții pozitive. Ulterior a existat o diferență clară între cele două grupuri, cel cu contribuția raportând că jocul e mult mai important decât a raportat grupul de control. S-ar părea că dorim și poate chiar suntem nerăbdători să ignorăm plictiseala când sarcinile cele mai anoste pot fi folosite și ca mijloace de a face bine. Acest studiu psihologic, ca și altele[149], antrenează astfel o concluzie simplă: pentru a avea parte de sens în viața ta, găsește căi de a simți că ai o contribuție importantă la viețile altora.

Studiile arată că ajutorul acordat altora poate avea un impact surprinzător asupra sănătății tale

„Compasiunea este esențială pentru starea de bine a oamenilor, pentru cei care o oferă, ca și pentru cei care o primesc." —Monica Worline, Jane Dutton, *Awakening Compassion at Work*, 2017

Ajutorul acordat altora poate avea alte beneficii concrete pentru propria ta viață, pe lângă creșterea sentimentului semnificației.[150] O echipă de cercetători de la University of British Columbia a dat bani de cheltuială unui grup de participanți mai în vârstă cu tensiune arterială ridicată.[151] Trei săptămâni la rând, fiecare participant a primit patruzeci de dolari în fiecare săptămână. Totuși, jumătate dintre participanți au fost instruiți să cheltuiască banii pentru ei înșiși; cealaltă jumătate au primit indicația să-i cheltuiască pentru altcineva: să cumpere un cadou pentru un prieten, să-i doneze unei organizații umanitare etc. Înainte și după aceste săptămâni de cheltuieli, cercetătorii au măsurat tensiunea arterială a membrilor din ambele grupuri. Tensiunea arterială (atât cea sistolică, cât și cea diastolică) a participanților care au cheltuit banii pentru alții a scăzut în mod semnificativ comparativ cu cea a participanților care au cheltuit banii pentru ei înșiși. În plus, scăderea tensiunii arteriale a fost similară, ca valoare, cu efectul începerii unui exercițiu fizic intens sau a unei diete mai sănătoase.

Fii deci atent la ajutorul pe care îl acorzi: poate avea beneficii subtile pentru sănătatea ta. În cel mai rău caz, te poate face să trăiești mai mult! Un studiu cu 846 de adulți în vârstă a comparat primirea ajutorului social și acordarea ajutorului social ca indicatori ai mortalității pe o perioadă de cinci ani. Dacă în mod intuitiv ai putea crede că primirea acestui gen de sprijin e benefică pentru tine însuți, rezultatele au arătat că de fapt *acordarea* ajutorului social a fost mai predictivă în ceea ce privește longevitatea: cei care au acordat ajutor practic prietenilor, rudelor și vecinilor și cei care au acordat ajutor emoțional soțului sau soției aveau o probabilitate mai mare de a fi în viață la sfârșitul perioadei de studiu comparativ cu participanții mai puțin prosociali.[152] Aceste rezultate au rămas valabile chiar și atunci când cercetătorii au controlat diverși factori demografici precum sănătatea fizică, sănătatea mintală, personalitatea și starea civilă.

Peste zece studii au mai demonstrat că munca voluntară regulată anticipează longevitatea.[153] Ajutorul acordat altcuiva poate chiar atenua efectul negativ pe care stresul îl are în mod obișnuit în privința mortalității: în rândul a opt sute de participanți din jurul orașului Detroit, evenimentele stresante au indicat mortalitatea viitoare printre cei care nu au acordat ajutor altora în anul anterior, dar nu printre cei care l-au acordat.[154] De asemenea, se presupune adesea că a îngriji o persoană dragă aflată în suferință poate fi o sarcină împovărătoare pentru cel care o îndeplinește. Totuși, dacă stresul și durerea asociate cu perspectiva stingerii din viață a soțului sau a soției este în mod limpede o povară grea, îngrijirea activă poate avea un efect pozitiv asupra longevității celui care o asigură. Un studiu național a peste trei mii de indivizi în vârstă căsătoriți a indicat, când s-au urmărit diferite variabile demografice și de sănătate, că aceia care au petrecut cel puțin paisprezece ore pe săptămână oferind îngrijire activă soțului sau soției au trăit de fapt mai mult.[155] Și, de parcă longevitatea și sănătatea mai bună nu ar fi suficiente, asigurarea ajutorului pentru alții are și tendința de a-l face mai fericit pe cel care îl acordă. Elizabeth Dunn, profesor la University of British Columbia, a demonstrat că, atunci când un grup de oameni primește cinci dolari spre a-i cheltui pentru sine și un alt grup primește cinci dolari spre a-i cheltui pentru alții, al doilea grup raportează ulterior mai multă fericire.[156] Iar acest lucru nu e adevărat doar în țara ei, Canada, ci în toată lumea – din Uganda până în Africa de Sud și India –, așa cum a arătat colega ei, Lara Aknin.[157] Aknin a efectuat și studiul dintr-un mic sat izolat de pe insula Vanuatu din Oceanul Pacific.[158] Chiar și acolo, cumpărarea de bunuri pentru alții a antrenat emoții pozitive comparativ cu cumpărarea de bunuri pentru sine. Se pare deci că există ceva înrădăcinat în însăși natura noastră umană, care ne face să ne simțim bine când ne ajutăm unii pe alții – fenomen valabil în toate culturile. Diverse studii neurologice au confirmat în plus faptul că donațiile acordate organizațiilor caritabile activează într-adevăr centrii recompensei din creier.[159]

O doză de fapte bune în favoarea altora poate să fie nu doar ceva încărcat de sens, ci și un excelent medicament pentru îmbunătățirea sănătății fizice și mintale și a stării de bine.

Cum să ajutăm

„Compasiunea are sens pentru noi toți. Ne îmbogățește și ne înnobilează, chiar și pe aceia dintre noi care nici nu oferă ajutorul, nici nu beneficiază de el, deoarece ne prezintă o imagine despre cum poate fi o societate bună, ne oferă exemple concrete de ajutorare pe care le putem urma și ne localizează ca membri ai rețelelor difuze din care e țesută societatea noastră." —Robert Wuthnow, *Acts of Compassion*, 1991

Dacă este o sursă atât de puternică de stare de bine, de sănătate și de sens în viață, care e cea mai bună cale de a ajuta? În primul rând, este important să reținem că nu e nevoie să fie un tip de contribuție grandios, în genul lui Mandela, de „salvare a națiunii". Așa cum indică studiile, chiar și donațiile mărunte în scop caritabil pot afecta sentimentul sensului în viață. Majoritatea contribuțiilor încărcate de sens pe care le facem sunt mici și banale, și totuși ne umplu viața de fiecare zi cu momente pline de sens. Gândește-te la un moment în care ai reușit să încânți cu adevărat o persoană pe care o iubești sau la care ții. Poate ai pregătit spontan o cină la lumina lumânărilor pentru soțul sau soția ta sau ai ajutat un prieten apropiat să se lupte cu o problemă personală.

În cursurile mele despre acest subiect, le cer adesea studenților să facă la întâmplare trei acte de caritate până la cursul următor. „Ajutorul" lor a fost extrem de divers, de la a oferi un pahar cu suc de portocale poștașului, la a petrece o după-masă cu un bunic și a ajuta un turist să se descurce în labirintul străzilor din cartier. În clasă, vorbim apoi despre diversele forme de ajutor și despre cum ne-am simțit când le-am acordat; poveștile sunt întotdeauna încurajatoare, iar exercițiul a devenit atracția cursului. Nu este doar îmbucurător să auzi modurile inventive în care acești studenți s-au dat peste cap pentru altcineva, dar este și emoționant, unii studenți spunând că au avut parte de o legătură profundă cu persoana sau persoanele pe care le-au ajutat. Aceste mici acte de caritate le-au luminat ziua, ducând la calde sentimente de conectivitate și semnificație și ilustrând, într-un mod foarte real și direct, că atunci când îi ajutăm pe alții ne ajutăm și pe noi înșine.

Dacă dorești un mod mai temeinic de a acorda ajutor în viață, munca este adesea varianta cea mai bună. Aceia dintre noi care sunt destul de norocoși să aibă profesii prin care se pot dedica opt sau mai multe ore pe zi ca să facă ceva cu un impact clar, pozitiv, au deja o sursă importantă de sens în viață. Adesea, e vorba doar de a ne aminti efectul bun al muncii noastre. Într-un studiu, Amy Wrzesniewski, profesoară la Universitatea Yale, le-a cerut oamenilor de serviciu dintr-un spital să descrie cum își văd ei munca. Unii au spus că „ține doar de curățenie", iar alții că „își consideră munca și pe ei înșiși ca jucând un rol crucial în vindecarea pacienților"[160], deoarece contribuie la păstrarea unor înalte standarde de igienă în spital. Exact aceeași muncă, dar două moduri diferite de a o privi – uneori nu e nevoie decât de o atenție sporită pentru a vedea contribuția pe care o ai la locul de muncă.

Dacă munca pe care o faci nu implică o misiune importantă, te poți bucura de satisfacția ajutorului acordat unui client sau unui coleg. Un coleg de-al meu a propus recent ca în fiecare vineri să ne gândim la o persoană din firma noastră căreia vrem să-i mulțumim, apoi să ne postăm recunoștința față de ea pe Slack, canalul nostru intern de comunicare. Așadar, toate modurile neînsemnate în care ne ajutăm unii pe alții de-a lungul săptămânii sunt vizibile pentru oricine. E înduioșător să citim aceste mesaje de mulțumire, ceea ce a contribuit la construirea unui puternic sentiment al ajutorării și al comunității în cadrul companiei.

În afara locului de muncă, poți găsi modalități de a contribui prin voluntariat, donații în scop caritabil, ajutor acordat prietenilor sau familiei extinse, activism în cartier sau sprijinirea cauzelor politice sau a campaniilor în care crezi cu tărie. Indiferent ce faci, nu trebuie să fie complicat. Ocaziile de a avea contribuții semnificative sunt numeroase, doar să le cauți. Să ne gândim, de exemplu, la clienții restaurantului Soup Place din Melbourne, Australia, care au adoptat politica „dă mai departe“, contribuind în mod regulat cu 3,50 dolari în plus la cumpărarea unei mese pentru o persoană fără adăpost. Practica a devenit atât de populară, încât un perete al restaurantului este acoperit cu tichete de masă gratuite care pot fi luate și folosite.

Cât dintr-un lucru bun e prea mult?

Un mic avertisment: prea mult dintr-un lucru bun poate fi rău. Dacă ne concentrăm doar pe starea de bine a altora, punându-i întotdeauna pe primul loc, putem risca să ne ignorăm propriile nevoi. Există multe povești tragice despre oameni care își sacrifică fericirea pentru a-și servi familia sau a sprijini o cauză mondială importantă. Ajutorarea altora este bună, dar trebuie să fie strategică și s-o alegi singur, așa cum a subliniat profesorul Adam Grant, expert în donația prosocială, de la Wharton University, scriind: „Este o mare diferență între a face plăcere unor oameni și a-i ajuta“[161]. A ajuta pe oricine se întâmplă să ceară, pentru că nu îndrăznești să spui nu, este total diferit de a alege strategic să ajuți pe cineva pe care chiar vrei să-l ajuți. Într-adevăr, numeroase experimente au arătat că, dacă ajutorarea motivată autonom crește starea de bine a celui care ajută, acest lucru nu rămâne valabil când cineva este constrâns sau forțat să facă bine altora.[162] Învățând să spunem nu, ne putem concentra pe acordarea ajutorului atunci când și acolo unde interesele și talentele noastre sunt cel mai bine puse în valoare și de unde putem obține cel mai mare impact pentru investiția noastră. Încearcă să te abții să-i ajuți pe toți tot timpul. Ajută-i doar pe cei pe care vrei să-i ajuți și care vor profita cel mai mult de ajutorul tău, nu pe cei care o cer cel mai insistent.

Nici un om nu este o insulă. Ca ființe sociale, noi oamenii ne dorim atât să avem grijă de noi înșine, cât și să avem grijă de alții.[163] De aceea extremele – a ne servi doar pe noi înșine sau a-i servi doar pe alții – sunt periculoase pentru sentimentul nostru privind starea de bine. În ambele cazuri, o parte din omenia noastră e sufocată. Găsirea echilibrului este esențială. Dar, în epoca individualismului și a intereselor personale fățișe în care trăim, atingerea unui asemenea echilibru înseamnă adesea un angajament de a începe în mod conștient să cauți cele mai bune moduri de a-i ajuta pe cei din jurul tău.

11. Devino cine ești

„Ai încredere în tine însuți: fiecare inimă vibrează la acea coardă metalică.“ —Ralph Waldo Emerson, *Self-Reliance*, 1841

Fiul meu de aproape trei ani, ca majoritatea copiilor de vârsta lui, nu merge. Fie stă pe loc, solid ca o stâncă, fie aleargă. Peste tot. Nu există cale de mijloc. Dacă percepe sau simte că i se impune ceva din exterior, refuză ferm să participe. Pe de altă parte, pot spune când s-a aprins la el o scânteie undeva în interior – când impunerea apare dinăuntru, cum s-ar spune. Bucuria și entuziasmul lui sunt palpabile și, în aceste condiții, alergarea de neoprit pare a fi singura sa opțiune. La un copil mic, e ușor să simți dacă o activitate este impusă din exterior sau motivată interior. Și putem vedea și mai clar ce simte copilul în această privință: o activitate impusă din exterior e însoțită de obicei de o față ursuză și de lacrimi; activitatea motivată din interior e însoțită de obicei de râsete și un zâmbet care topește inimile.

Măreția condiției umane constă în faptul că avem libertatea de a desfășura activități care au o susținere din interior, ceva ce simțim că își are punctul de plecare în noi înșine. Ne ținem de mână unii pe alții. Iubim. Scriem și vorbim. Creăm. Cântăm, dansăm, râdem, alergăm, urcăm și sărim. Ne entuziasmăm și ne cufundăm într-o activitate. Uneori suntem atât de atrași de o activitate sau un mod de autoexprimare, încât abia așteptăm să începem. Avem capacitatea de a ne exprima și de a ne realiza, de a face ce ne place. Pe scurt, ne putem comporta autentic. Autenticitatea presupune sentimentul că viața noastră urmează un curs independent și liber ales. Iar acest lucru e crucial pentru sentimentul nostru că avem un sens în viață. Sensul se referă la conectivitate. Dacă cele două capitole anterioare subliniau importanța legăturii cu alții, e la fel de important să ne conectăm cu noi înșine. Altfel, nu suntem decât niște cochilii goale.

Există o importantă sursă de sens ascunsă în capacitatea noastră de a trăi așa cum hotărâm noi singuri, de a desfășura activități pe care singuri le alegem. Filozoful Richard Taylor vorbește despre o „stranie semnificație", pe care o folosește spre a descrie capacitatea de a desfășura activități care „ne interesează"[164]. Aceasta, la rândul său, satisface „pornirea noastră interioară de a face exact ceea ce am fost puși aici să facem". În acest sens, capacitatea de a trăi autentic este în sine o valoare intrinsecă. Chiar și mai hotărât, filozoful Lawrence Becker susține că „viețile umane autonome au o demnitate care este incalculabilă, incomensurabilă, infinită, neprețuită"[165]. Până și Tolstoi a recunoscut puterea exprimării de sine în ghidarea activităților umane, scriind: „În tot, în aproape tot ce am scris, am fost călăuzit de nevoia de a reuni idei legate între ele, pentru a mă exprima pe mine însumi"[166].

Cercetarea psihologică atestă ceea ce au propus filozofii în legătură cu importanța autenticității pentru sensul în viață. Rebecca Schlegel și colegii ei de la Texas A&M au demonstrat felul în care diverse forme de autenticitate și exprimare de sine sunt legate de experiența unui mai solid sens în viață. Într-un studiu, Schlegel a cerut unui grup de studenți să ofere mai multe detalii despre „sinele lor adevărat“, despre „cine crezi că ești tu de fapt“[167]. Unui alt grup de studenți i s-a cerut să scrie despre „sinele lor de fiecare zi“, definit prin felul în care se poartă ei zilnic în realitate, iar unui al treilea grup i s-a cerut să scrie despre librăria din campus. După ce și-au scris tema, studenții au fost rugați să-și evalueze sensul în viață.

Cercetătorii au fost interesați de cât de multe detalii au oferit participanții în eseurile lor, presupunerea lor fiind că, cu cât descrierea despre adevăratul lor sine e mai detaliată, cu atât e mai probabil ca ei să fie efectiv în legătură cu acel sentiment al sinelui. Deloc surprinzător, pentru cei care au scris despre sinele lor curent, de fiecare zi, sau despre librăria din campus, cantitatea de detalii nu a avut nici o legătură cu sentimentul că au un sens în viață. Totuși, când oamenii au scris despre adevăratul lor sine, cu cât eseul a fost mai detaliat, cu atât persoana respectivă a cunoscut în medie mai mult experiența sensului în viață. Acest studiu, precum și altele efectuate de Schlegel și colaboratorii ei au demonstrat că menținerea legăturii cu sinele autentic antrenează un sentiment mai profund al sensului în viață.[168] Aici, cercetarea empirică a lui Schlegel a confirmat ceea ce mari psihologi umaniști precum Carl Rogers și Abraham Maslow au propus cu decenii în urmă și teoria autodeterminării a susținut mai recent: autonomia este o nevoie umană fundamentală și găsim astfel o valoare intrinsecă în șansa de a ne trăi viețile în mod autentic. Capacitatea de a ne exprima este parte dintr-o viață trăită din plin, iar o asemenea autorealizare poate face ca viețile noastre să pară că merită cu adevărat trăite.

Această calitate a experienței noastre – cât de mult simțim că alegerile și acțiunile noastre sunt autonome

Îndrăznește să-ți pese: cum să fii altruist în mod autonom

Ai înotat vreodată în ape înghețate, complet îmbrăcat și fără o vestă de salvare, ca să salvezi o femeie inconștientă pe care nu ai întâlnit-o niciodată până atunci? Pompierul Jack Casey a făcut-o. În decurs de doi ani, a răspuns ca voluntar la peste cinci sute de apeluri de urgență, riscându-și siguranța personală pentru a salva mai mulți oameni din catastrofe pe viață și pe moarte. Pe lângă faptul că era un membru al echipei locale de salvare, și-a petrecut trei ore pe săptămână predând un curs de prim ajutor la Crucea Roșie și a dus oamenii în drumeții cu rucsacul în spate în cadrul unui program în aer liber pe care-l inițiase cu câțiva ani în urmă. Sociologul Robert Wuthnow, care l-a intervievat pe Jack Casey pentru cartea sa *Acts of Compassion*, a văzut în el un erou american realmente altruist care vrea să fie un factor de stabilitate și siguranță pentru alții.[173] În același timp, Jack s-a descris pe sine ca o persoană „căreia îi place să fie relativ independentă de alți oameni". A fost mândru că este un individualist dur care face ce vrea, când vrea, și e liber să gândească singur și să nu fie de acord cu alții când e nevoie. Pentru Jack și mulți alții, libertatea este o valoare americană esențială.

În ochii lui Wuthnow, Jack reprezintă ceea ce el a numit un paradox american: e mai autonom și mai independent decât o persoană obișnuită, și totuși e și mai atent cu alții. Este oare un individualist sau un altruist? Și una, și alta. De fapt, autonomia și independența sa față de normele sociale sunt cele care i-au permis lui Jack Casey să fie atent la ceea ce vrea el însuși să facă în viață. Iar ce vrea el să facă este să-i ajute pe alții. Nu pentru că *trebuie*, ci pentru că *vrea* cu adevărat.

Suntem în stare să facem alegeri independente, sau suntem atât de slabi și de dependenți de alții, încât lăsăm pe altcineva să ne conducă viețile? Aceasta este întrebarea privind individualismul. Ne pasă doar de noi înșine, sau ne pasă cu adevărat și de alții? Aceasta este întrebarea privind altruismul. Dar există și o a treia întrebare: poate cineva să facă alegeri independente, recunoscând în același timp că simpatia și grija sa se extind dincolo de sine însuși la alți membri ai structurii sociale? Iată esența relaționismului, care e un fel de altruism individualist și, în acest sens, Jack Casey este clar un relaționist: își face propriile alegeri și optează pentru propria direcție în viață, ceea ce îl determină să-și dedice o bună parte din timp ajutorării oamenilor din jurul său.

Astfel, e posibil să fii un altruist independent, cineva care ia decizii de viață ce duc la dorința autonomă de a-i ajuta pe cei care au nevoie. Atâta vreme cât alegerea îți aparține, ești încă independent. În zilele noastre, mulți oameni își suprimă instinctele mai altruiste pentru a trăi conform normelor egoiste ale vremurilor noastre. Ca animale sociale, stă în firea noastră să ne pese de alții, dar oamenii ignoră acest instinct altruist din ei înșiși pentru a se integra în cultura care apreciază alegerile egoiste ca fiind alegeri „raționale". În cultura noastră, egoismul este foarte ușor echivalat cu a fi inteligent, pe când cei care îi ajută pe alții sunt considerați proști. Din cauza acestui sentiment cultural, oamenii nu îndrăznesc să fie altruiști, deoarece se tem că alții îi vor ironiza pentru că nu sunt în stare să aibă grijă de propriile interese. Este nevoie de curaj ca să recunoști că cineva a făcut ceva pentru altcineva fără nici un interes personal în minte. Deloc surprinzător, probabil, a devenit un paradox al lumii moderne faptul că oamenii cu gândire independentă pot avea înclinații mai altruiste decât cei mai puțin independenți. De ce? Deoarece oamenii cu gândire independentă au și tendința de a fi mai autonomi și, ca atare, sunt capabili să rămână în afara normelor culturale. Și, respingând sistemul, reușesc adesea să-și exprime mai bine tendințele relaționale și altruiste, orientate mai mult spre alții.

Autonomia în situații extrem de vitrege

„Între stimul și răspuns, există un spațiu. În acel spațiu se găsește puterea noastră de a ne alege răspunsul. În răspunsul nostru se află creșterea și libertatea noastră.“ —Stephen Covey, *First Things First*, 1995

Chiar și în împrejurările cele mai nefavorabile, tot deținem un sâmbure de libertate: libertatea de a alege cum interpretăm situația și cum reacționăm la ea. Sartre a scris că „din clipa în care libertatea a făcut explozie în sufletul unui om, zeii nu mai pot nimic împotriva lui“[174]. Viața își are constrângerile ei. Un deținut, de exemplu, nu-și poate dori să iasă din închisoare. Dar chiar și deținutul poate alege cum să reacționeze la încarcerarea sa. Petrecând el însuși nouă luni ca prizonier de război în timpul celui de-al Doilea Război Mondial, Sartre a avut câteva experiențe personale pe baza cărora și-a formulat concluzia. Viktor Frankl a exprimat un sentiment similar când a scris: „Noi, cei care am trăit în lagărele de concentrare, ne amintim de aceia care treceau din baracă în baracă, mângâindu-i pe ceilalți, dăruindu-le ultima lor îmbucătură de pâine. Vor fi fost puțini la număr, dar ei ne dau îndeajuns de multe dovezi că omului i se poate lua totul, mai puțin un lucru: ultima dintre libertățile umane – respectiv aceea de a-și alege propria atitudine într-un anumit set de împrejurări date, de a-și alege propriul mod de a fi“[175].

Viața își are constrângerile ei, și totuși noi avem libertatea de a alege cum să reacționăm față de situațiile ostile. Dacă fericirea noastră și sentimentul sensului în viață depind de împrejurări exterioare, ele sunt inevitabil fragile, pentru că nu putem controla lumea exterioară. Au loc accidente, mor oameni pe care îi iubești, și există o anumită doză de tragedie în viața oricui. Putem totuși controla într-o anumită măsură reacția noastră față de lumea exterioară. Pentru Frankl și pentru mulți alții, felul cum procedăm în spațiul propriului nostru mod de a reacționa – alegerile emoționale și psihologice pe care le facem – ne ajută să stabilim calea pentru eliberarea personală și ne dă speranța și rezistența necesare în momentele de suferință, atât extremă, cât și obișnuită.

Stoicii antici considerau *apátheia*, tradus literal „fără pasiune“, ca un ideal important de viață. Este o stare de spirit în care o persoană poate observa orice se întâmplă în viață fără a judeca – lasă să se întâmple lucrurile, privește, chiar reacționează în mod corespunzător, dar fără să fie copleșită. *Apátheia* înseamnă a fi în stare să menții o anumită distanță între orice se întâmplă în lume și felul cum reacționezi la asta, a nu permite să te preocupe. Când reușim să atingem o asemenea liniște sufletească, nici o întâmplare exterioară nu ne poate tulbura calmul interior. Desigur, atingerea acestei stări de spirit nu este o treabă ușoară. Iată de ce stoicii au inclus un întreg program de exerciții prin care o persoană își poate modela încet mintea spre *apátheia*. Este astfel posibil să cunoști un anumit grad de libertate chiar și în cele mai potrivnice situații, dar atingerea acestui grad de libertate față de împrejurările exterioare necesită o stare de spirit la care se poate ajunge doar printr-un efort semnificativ.

Foarte important, în timp ce obținerea acestui calm interior îi poate ajuta pe oameni în diverse situații intolerabile, nu trebuie să o interpretăm greșit ca pe o scuză de a nu face ca societățile să fie mai favorabile autonomiei. Dacă cercetările privitoare la teoria autodeterminării ne-au învățat ceva este că, de exemplu, cu cât școlile, comunitățile și locurile de muncă susțin mai mult autonomia, cu atât oamenii sunt mai capabili să-și afle împlinirea și cu atât starea lor de bine e mai profundă.[176] Oamenii nu pot prospera în medii în care sunt strict controlați și obligați să facă lucruri pe care nu ar vrea să le facă. Dacă atmosfera la locul de muncă e opresivă, soluția nu este să-i înveți pe angajați tehnici de relaxare pentru a-i ajuta să facă față mai bine oprimării. Soluția este să reproiectezi organizația astfel încât să lași mai mult spațiu libertății individuale și exprimării de sine. În calitate de societate și de cetățeni, ar trebui să ne străduim să construim contexte, organizații și guverne care să permită indivizilor să trăiască experiența autenticității și a autonomiei în acțiunile lor, nu doar în gândurile lor.

12. Controlează-ți potențialul

„Aş spune, totuşi, că există în orice om o tendinţă copleşitoare de a evolua pe măsura măreţiei cu care l-a înzestrat natura; de a exprima şi a înfăptui ceea ce natura a sădit în el. Acest lucru este corect, potrivit şi de neocolit; ba chiar este o datorie şi, mai mult, esenţa datoriilor unui om. Sensul vieţii poate fi definit aici, pe pământ, ca fiind constituit din următoarele: să-ţi desfăşori eul, să faci lucrul pe care eşti dotat să-l faci.“ —Thomas Carlyle, *On Heroes, Hero-Worship, and the Heroic in History*, 1841*

Există o anumită frumusețe în excelență. Indiferent de domeniu – dans modern, baschet, oratorie politică, gastronomie sau simultan jonglerie și rezolvarea a trei cuburi Rubik –, privim impresionați dacă ceva e făcut cu pricepere. Nu putem decât să admirăm. Cum am jucat toată viața fotbal de amatori, când văd măiestria cu care jucători ca Lionel Messi, Cristiano Ronaldo sau Marta Vieira da Silva lovesc mingea, izbucnesc spontan în urale. Când citesc, mă opresc uneori ca să apreciez o frază deosebit de bine scrisă. Dacă cineva e cel mai bun din lume la ceva – indiferent de domeniu –, prețuim imediat acea persoană. Înainte de actuala epocă a globalizării, a fi cel mai bun la nivel local era destul pentru a cuceri admirația oamenilor din jurul tău. La peste optzeci de ani, bunicul meu încă își mai amintea numele atleților care câștigaseră campionatele locale din tinerețea sa.

Există o virtute în excelență? Grecii antici credeau că da. Pentru ei, excelența era virtute. *Areté*, cuvântul gre-

* Thomas Carlyle, *Cultul eroilor*, trad. Mihai Avădanei, Institutul European, Iași, 1998, p. 247 (n. tr.).

cesc pentru virtute, desemna în poemele homerice excelența de orice fel.[177] Un alergător rapid își demonstrează *areté* a picioarelor sale, un spadasin mare și puternic își demonstrează *areté* a forței sale fizice. În aceste societăți eroice străvechi descrise în poveștile lui Homer, sau în saga islandeze, sau în povestirile irlandeze cu eroi din Ulster, obligația supremă a omului era să-și îndeplinească îndatoririle oricărui rol pe care societatea i-l prescria. Orice îl ajuta să-și îndeplinească rolul era considerat virtute, și orice îl făcea să dea greș era viciu. Analizând moralitatea acestor societăți eroice, filozoful Alasdair MacIntyre a scris: „virtuțile sunt tocmai acele calități care-l susțin pe omul liber în rolul său și care se manifestă în acțiunile pe care le cere rolul său“[178]. Cu alte cuvinte, pentru ca un erou să-și îndeplinească îndatoririle, uneori el are nevoie de forță fizică, iar alteori de istețime. Virtutea se regăsea în deținerea excelenței necesare.

Există o anumită semnificație inerentă în măiestrie și în excelența ca atare. Așa cum afirma filozoful John Rawls, „ființele umane se bucură de exercitarea capacităților realizate (abilitățile lor deprinse sau înnăscute), bucurie care crește pe măsură ce capacitatea este realizată sau devine mai complexă“[179]. A reuși să excelezi în ceva este valoros în sine; dobândim senzația că avem un sens în viață desfășurând activități în care putem trăi experiența competenței, a măiestriei și a priceperii. Cum altfel putem explica faptul că oamenii dedică numeroase ore de muncă pentru dezvoltarea unor abilități care nu au nici un rost dincolo de lucrul în sine? Există desigur domeniile consacrate, ca sportul profesionist sau arta, pentru care se alocă miliarde de dolari întrucât nu părem să obosim privind oameni care excelează în competiții, interpretare sau talent artistic. Dar când ne gândim la diversele banalități în care se specializează oamenii – *hula-hoop* în timpul schiului nautic, cântatul la o chitară imaginară, șahul-box (*chessboxing*) sau perfecționarea artei de a face cafea[180] – iată purul adevăr: oamenii savurează și găsesc sens în a excela în aproape orice.

Competența, așa cum sugerează teoria autodeterminării, este o nevoie psihologică de bază. Fiind creaturi ale evoluției, este în interesul nostru să dezvoltăm o gamă largă de abilități, deoarece nu știm niciodată care ne poate salva viața. Dacă nimic nu ne amenință direct, ne putem folosi cel mai bine timpul pentru a dezvolta sau a rafina unele abilități care s-ar putea dovedi utile mai târziu. Inactivitatea este o strategie de supraviețuire mai proastă decât dobândirea abilităților. Drept urmare, evoluția ne-a dotat cu o motivație solidă pentru a căuta ocazii de a dezvolta noi abilități și de a obține satisfacție când simțim că devenim mai buni în ceea ce facem. Învățarea și creșterea personală sunt mari surse de satisfacție și angajare și ne fac să simțim că viața noastră progresează. Iar când reușim să ne cufundăm într-o activitate pe care o stăpânim, suntem uneori atât de absorbiți de ea, încât parcă uităm de restul lumii. Psihologul Mihaly Csikszentmihalyi a inventat termenul de *flow* („flux“) pentru a descrie acest sentiment profund al absorbirii de care atleții sau artiștii au parte uneori când se concentrează asupra unui proiect suficient de solicitant.[181] În această stare de absorbire, te concentrezi asupra sarcinii respective cu deplină atenție și energie, îndeplinind-o fără efort, cu mintea conștientă și cu cea inconștientă în armonie. Csikszentmihalyi o socotea un fel de stare optimă a unei experiențe interioare și a înțeles că experiența însăși este atât de plăcută, încât „persoanele ar face-o cu orice preț, numai pentru plăcerea de a o face“[182]. Oamenii caută provocări acolo unde își pot folosi abilitățile, nu doar pentru a realiza ceva ulterior, ci pentru că, în momentele când sunt complet absorbiți, se simt adesea mai vii. Într-adevăr, un sondaj efectuat în rândul a patru mii de americani a indicat că în jur de patru sute dintre ei au menționat spontan „luptele din viață“ ca sursă de sens.[183] În consecință, consider că măiestria și provocările pot fi o importantă sursă de sens în viață.[184]

În plus, e important de înțeles că măiestria ca sursă de sens nu trebuie obținută din ceva extraordinar. Escaladarea Everestului sau navigarea de unul singur în jurul lumii pot oferi cu certitudine un puternic sentiment al măiestriei – sunt, cel puțin, încercări admirabile și subiecte interesante de conversație la cocktailuri. Totuși, măiestria poate fi remarcată în viața noastră de fiecare zi. Am un sentiment al măiestriei când mă joc cu mingea cu copiii mei, chiar dacă ei sunt pe jumătate cât mine, sau când reușesc să urc cele câteva pante abrupte în drumul meu zilnic cu bicicleta. Am un ușor sentiment de împlinire și măiestrie atunci când, prin abilitățile mele perfecționate cu ajutorul jocului video Tetris, reușesc să fac loc ultimei farfurii în mașina de spălat vase. Chiar și curățenia în casă poate fi o sursă de măiestrie și plăcere pentru unii (sau așa am auzit). Toate astea pot părea momente mărunte și neînsemnate, dar sentimentul sensului în viețile noastre de zi cu zi poate proveni atât din marile, cât și din micile realizări și momente de măiestrie.

Desigur, pe lângă capacitatea de a reuși să ne bucurăm de aceste momente neînsemnate de măiestrie, este important să căutăm în mod activ ocazii de a dezvolta abilități în domenii în care putem atinge un sentiment și mai puternic al măiestriei. La lucru, de exemplu, e bine să știi de care abilități e nevoie ca să avansezi în posturi mai interesante și să stabilești căile sistematice pentru exersarea și rafinarea abilităților respective. Și, în afara locului de muncă, asigură-te că ai câteva hobby-uri plăcute în care să simți că poți trăi un sentiment al măiestriei sau al învățării.

Autorealizarea prin măiestrie și interes

Când ne angajăm într-o activitate și avem un profund sentiment al măiestriei și al interesului față de aceasta, activitatea însăși devine o sursă de autorealizare. Ce înțeleg prin autorealizare? Astăzi, termenul e folosit cu ușurință și descrie totul, de la conștiența yoghină la sistemele de credință New Age. Eu totuși consider autorealizarea ca pe ceva mai simplu și banal: ea se referă la satisfacerea simultană a două nevoi, autonomia și competența. Dacă reușești să găsești o activitate care îți face plăcere și te simți și competent, și capabil s-o desfășori, vei avea un sentiment de împlinire personală sau de autorealizare urmând-o. Dacă una sau cealaltă lipsește, nu ai un sentiment al autorealizării. De exemplu, oricât de încântat ești în legătură cu o anumită activitate, dacă nu simți că realizezi ceva desfășurând-o sau ai senzația că te-ai împotmolit, devii tot mai puțin entuziast în privința ei. Când se întâmplă asta și nu pare să aibă loc nici învățarea, nici dezvoltarea, e aproape imposibil să păstrezi motivația, și ajungi de obicei să tragi concluzia că acea activitate s-ar putea să nu fie potrivită pentru tine. Dar și opusul e adevărat: indiferent cât de priceput ești într-o activitate, dacă nu ești implicat în ea, nu pare o împlinire personală, nici autorealizare. Talentul poate deveni rapid o capcană dacă se manifestă într-un domeniu față de care ai prea puțin interes. Din fericire, poți găsi și activități pe care le consideri interesante și autonom stimulante, dar în care ești în stare și să arăți un grad de măiestrie – mai ales dacă ești dispus să exersezi. Când interesul și măiestria se întâlnesc într-o activitate, apare un sentiment al autorealizării.

Conectarea cu alții și conectarea cu tine însuți: două căi spre o viață mai plină de sens

„Poți trăi în lumea aceasta o viață măreață dacă știi să muncești și să iubești, să muncești pentru ceea ce îți dorești și să-ți placă lucrul pentru care muncești." —Lev Tolstoi, *Scrisoare către Valeria*, 1856*

Pot exista multe căi spre o viață mai plină de sens. Dar văd că, la un nivel general, cele două drumuri importante către o existență încărcată de sens sunt conectarea cu tine însuți și conectarea cu alții. Te conectezi cu tine însuți prin autenticitate și măiestrie, și te conectezi cu alți oameni prin relații strânse și contribuții pozitive. Conectarea cu tine însuți duce la împlinire personală. Ține de autenticitate, de capacitatea de a face alegeri autonome pentru a-ți urma interesele și a exprima cine ești cu adevărat, atât prin cuvinte, cât și prin acțiuni. În loc să te conformezi așteptărilor din exterior, reușești să-ți fii credincios ție însuți. Ține și de măiestrie în măsura în

* Henri Troyat, *Viața lui Tolstoi*, 3 vol., trad. Paul B. Marian, Minerva, București, 1973, vol. 1, p. 275 (n. tr.).

care înveți mai multe despre tine însuți și, în toate aspectele autodezvoltării, îți poți aplica în viața de fiecare zi noua cunoaștere de sine, abilitățile și calitățile.

Legătura cu alții vizează împlinirea socială. Se face prin contactul cu oamenii la care ții, construind relații bune și reușind să petreci timp cu cei pe care îi iubești. Dar se referă și la sentimentul că viața ta contribuie în mod pozitiv la viețile altora și că ești în stare să schimbi ceva, oricât de puțin. Am spus-o înainte și o spun din nou: prin legătura cu alți oameni și prin ajutorul pe care îl oferi, dai un sens vieții tale, însemnând ceva pentru alții. Acest sfat acoperă totuși doar latura împlinirii sociale a unei vieți încărcate de sens. Pentru a integra și ideea de împlinire personală, a trebuit să-mi modific gluma. Un filozof intră într-un bar și i se cere să condenseze sensul în viață într-o singură frază. Astăzi, răspunsul meu este: sensul în viață se referă la a face lucruri cu sens pentru tine (împlinire personală) într-un mod care te face pe tine însuți important pentru alții (împlinire socială).

Cum se construiesc aceste două căi esențiale ține, evident, de tine; ele depind în totalitate de interesele, valorile, abilitățile tale personale, ca și de situația ta în viață. Numai tu poți depune efortul necesar pentru a lega punctele – autonomie, competență, conectivitate și bunăvoință – cu particularitățile și posibilitățile din propria ta viață. Prietena ta binevoitoare, interesată de politică, și-ar putea folosi talentul oratoric (autorealizare) ca să lupte pentru o cauză dragă inimii ei (conectare cu alții). Colegul tău cu talent muzical poate cânta la chitară într-o formație de amatori (autorealizare), delectându-se să improvizeze împreună cu colegii săi de trupă (conectare cu alții). Un om de serviciu de la spital se poate bucura de rezultatele concrete (autorealizare) care mențin igiena (conectare cu alții) în salonul fiecărui pacient. Pentru mulți dintre noi, creșterea copiilor este un canal atât pentru exprimarea de sine, cât și pentru ajutorare, și același lucru se aplică hobby-urilor și voluntariatului multor oameni. Desigur, uneori un aspect din viața ta poate satisface o nevoie, în vreme ce altele pot satisface o alta. Faptul de a avea o muncă foarte interesantă, dar singuratică, poate fi compensat prin implicarea în relații în timpul liber. Dar, indiferent unde ești în viață, este benefic să te gândești cum te poți exprima pe tine însuți și ajuta lumea în general.

Un moment perfect semnificativ

Un moment deosebit de semnificativ în viața mea a avut loc recent: fiul meu de cinci ani și cu mine am făcut prima noastră plimbare cu bicicleta la o cofetărie pe malul mării, la câteva mile de casă. Îmi reamintesc fiecare detaliu al momentelor petrecute împreună – eu bând o ceașcă de cafea, el sorbind încet dintr-o cutie cu suc, lumina filtrată a soarelui, mirosul discret al mării –, de parcă s-ar fi întâmplat astăzi, puțin mai devreme. Se poate spune că am trăit simultan experiența trecutului, a prezentului și a viitorului în momentele dintre înghițiturile de cafea, când am revenit în trecut, amintindu-mi primii pași ai fiului meu în timp ce savuram și relaxarea în tăcere de după plimbarea cu bicicleta, și mi-am îndreptat mintea spre viitor, anticipând toate celelalte plimbări cu bicicleta și cafelele și momentele liniștite pe care el și cu mine urma să le mai avem de împărțit acum, când e destul de mare ca să meargă cu bicicleta lui. Starea mea de spirit era de pură încântare, și provenea din importanța momentului. Perfect destins, m-am abandonat cu totul clipei, iar fiul meu, binecuvântat probabil cu genul de inocență fără griji care însoțește adesea copilăria, a făcut la fel. Am împărtășit spațiul dintre noi; a fost un moment al unui profund sentiment de apartenență – un moment de iubire.

În acea clipă, toate elementele-cheie ale semnificației erau prezente. Putând să merg cu bicicleta, am simțit plăcerea de a mă exprima făcând ceva ce mi-a plăcut întotdeauna să fac. În același timp, am împărtășit și am savurat la fel de mult ca fiul meu sentimentul lui, recent descoperit, al măiestriei. Prin aceste experiențe ale exprimării de sine și măiestriei comune, m-am simțit conectat cu mine însumi și cu fiul meu, ceea ce a antrenat un profund sentiment al apartenenței. Am fost totodată mândru și fericit ca tată, pentru că am reușit să-i ofer această aventură fiului meu, și m-am delectat cu bucuria și entuziasmul pe care plimbarea noastră i le-a trezit, ceea ce a sporit sentimentul meu că am fost de folos. Trecut, prezent și viitor. Exprimare de sine, măiestrie, apartenență și ajutor. Ce-ți poți dori mai mult în privința sensului în viață?

Povestea mea, evident, nu este excepțională. Sunt sigur că ai trăit ceva similar în propria viață cu cei dragi – sau cu cineva pe care l-ai cunoscut recent. Un moment ca al meu este o sclipire a existenței, când, dintr-un motiv oarecare, toate se aliniază – toate elementele semnificației sunt aparent sincronizate unele cu altele, și ești complet cufundat în viața ta. E un moment în care conectarea cu alții și conectarea cu tine însuți fuzionează. Este o împlinire personală și socială. E sensul în esența sa.

Semnificația nu este ceva îndepărtat sau rar. E o experiență care există în multe dintre momentele noastre de fiecare zi, într-o formă mai intensă sau mai palidă. Emily Esfahani Smith, autoarea cărții *The Power of Meaning*, susține că sensul „nu e o mare revelație. E o pauză în care spui bună ziua unui vânzător de ziare și te apropii de cineva de la serviciu care pare abătut. Înseamnă a-i ajuta pe oameni să ajungă într-o stare mai bună și a fi un bun părinte sau mentor pentru un copil“[185]. Acestea sunt momente mărunte de împlinire socială, în timp ce micile momente de împlinire personală pot apărea când dansăm ca și când nu ne vede nimeni, sau ne cufundăm într-o carte în timpul navetei noastre zilnice. Ele au sens aici și acum, dar, dacă le putem lega cumva de trecutul nostru – ca fiind ceva ce făceam împreună cu bunica pe când eram copii – sau de un scop important pe care îl avem pentru viitor, asta poate spori și mai mult semnificația unor asemenea momente. Indiferent în ce etapă a vieții te afli, e important să rămâi conectat cu cine ești și cu oamenii, valorile și interesele care dau un sens vieții tale, așa cum a învățat Tolstoi într-unul dintre cele mai proaste momente din viața sa.

Suferind de o criză existențială profundă, debilitantă, Tolstoi a căutat în adâncul sufletului și a decis să clarifice lucrurile care contează cu adevărat pentru el în viață. A ieșit din depresia severă cu ceea ce el a numit ultimii „doi stropi de miere“ care l-au ținut legat de această lume: „dragostea de familie și de scris“[186]. Altfel spus: legătura cu alții și legătura cu sine însuși. Care sunt cei doi stropi ai tăi?

Descurcă-te cu ce ai

Cât de puternic trebuie să fie sentimentul că însemni ceva depinde până la urmă de tine. Tu îți stabilești standardele privind doza de autenticitate, măiestrie, apartenență și contribuție necesară spre a-ți trăi viața ca fiind încărcată de sens. Pentru majoritatea dintre noi, este destul să dai zilnic o mână de ajutor ca să ai parte de un sentiment al impactului pozitiv. Nu putem fi toți Nelson Mandela sau Martin Luther King Jr., și tocmai asta îi deosebește de noi, ceilalți. Am făcut odată o cercetare observațională într-un cămin de bătrâni, și mi-a rămas în minte o scenă de atunci: două rezidente vârstnice au preluat de la personalul de îngrijire sarcina de a împături lenjeria zilnică. Femeile și-au abordat sarcina cu concentrare, devotament și un sentiment al importanței. Fiind rezidente, aveau puține ocazii să fie de folos, dar asta era o șansă ca ele să răsplătească și să ușureze munca infirmierelor care le ajutau atât de mult. Împăturirea lenjeriei nu este o sarcină dificilă în sine, și e destul de departe de realizările lui Mandela. Date fiind împrejurările lor de viață totuși, era pentru ele ocazia perfectă de a-și satisface nevoia de a fi utile. Devenind importante pentru infirmiere, reușeau să sporească importanța propriilor vieți.

Așa că stabilește standardele de semnificație care sunt potrivite pentru viața și mediul tău. Dacă ești binecuvântat cu ocazii de a contribui din plin, de a construi relații profunde sau de a atinge un nivel superior de măiestrie în ceva ce simți că este calea prin care te poți exprima, atunci fixează-ți neapărat scopuri înalte care te obligă să te autodepășești și să atingi imposibilul. Dacă ai o mulțime de resurse, financiare, sociale, intelectuale sau de orice fel, profită cât se poate de ele și dă înapoi cel puțin la fel de mult cât ai primit. Dacă ești totuși mai strâmtorat, descurcă-te cu ce ai și încearcă să realizezi ceva fezabil, indiferent de sensul care e posibil în situația ta. Semnificația ține la fel de mult de a te bucura cât ține de a realiza. A fi în stare să recunoști micile surse de sens deja prezente în viața ta și căile neînsemnate prin care îți poți îmbunătăți și mai mult relațiile și sentimentul contribuției, al măiestriei și al exprimării de sine este deja suficient pentru a ne face pe majoritatea dintre noi să simțim că viețile noastre merită trăite.

Trăiește-ți viața nu ca pe un proiect, ci ca pe o poveste

Un avertisment final. Nu lăsa ca proiectul de a-ți *face* viața plină de sens să stea în calea *trăirii* vieții ca plină de sens. Cultura occidentală modernă ne-a îndoctrinat să ne abordăm viața ca pe un proiect. Ești învățat să-ți stabilești obiective, să faci planuri, să ai aspirații înalte și să-ți eșalonezi eforturile în funcție de priorități, toate în numele atingerii rezultatului maxim, acel Sfânt Graal al vieții occidentale: succesul. Când abordezi viața ca pe un proiect, valoarea vieții tale depinde de succesul sau eșecul proiectului. Și, dat fiind faptul că la aceste rezultate se ajunge adesea doar într-un viitor îndepărtat, întregul drum către acest punct, pe care îl poți atinge sau nu, devine o treabă laborioasă, fără valoare inerentă. În cel mai rău caz, se ajunge într-un punct în care dacă nu suferi înseamnă că nu lucrezi destul de mult, așa cum a scris cercetătoarea Emma Seppälä când a observat cultura frenetică a succesului printre studenții de la Universitatea Stanford.[187] Problema cu proiectele este că îți exploatează viața; nu mai e vorba de a-ți trăi viața, ci de a o folosi pentru a realiza ceva. Nu ajută prea mult dacă treci de la lupta pentru bani, faimă și succes la lupta pentru fericire și sens. Deși poate fi înțelept să pui la îndoială maximizarea bogăției, a statutului sau a succesului în carieră, nu înseamnă nimic dacă pur și simplu înlocuiești o obsesie cu alta. Încă îți folosești viața pentru a realiza ceva în loc s-o accepți și s-o trăiești. Rămânând concentrat pe rezultatul final, ratezi micile momente sclipitoare de fiecare zi care dau de fapt sens vieții.

Tratează-ți viața mai puțin ca pe un proiect și mai mult ca pe o poveste, una care este în totalitate originalul a ceea ce întâlnești, trăiești, vezi și exprimi. Indiferent ce ți se întâmplă, bine sau rău, ales de tine sau impus din afară, face parte din poveste. Capitolele poveștii tale includ diversele tale puncte tari și puncte slabe, ciudățeniile și unicitatea.

O poveste nu este nici competiție. O poveste se desfășoară. Îi cheamă pe oameni la acțiune; își roagă personajele să facă alegeri. Ca ființe reflexive, ne place o poveste bună, și asta din motive întemeiate: folosim poveștile pentru a da lecții, morale și personale. Le folosim pentru a ne distra, dar și pentru a medita la lume în general și pentru a-i da sens. Ne bazăm pe povești pentru a ne reface sentimentul frumuseții și al sănătății mintale într-o lume adesea confuză și complexă. Evident, pot exista proiecte în cadrul unei povești; la urma urmei, proiectele mari sunt un material adecvat pentru o poveste bună. Dar proiectele sunt doar o parte din poveste. Nu le lăsa să te domine, să-ți domine concepția despre lume sau sentimentul legat de sensul în viață. În final, povestea vieții tale se desfășoară în prezent, și singurul lucru pentru care merită să lupți este, după cum spunea John Dewey, „îmbogățirea prezentului pentru el însuși"[188].

Există o veche povestire orientală despre un călător care merge liniștit prin stepă, când e ajuns deodată din urmă de un tigru. Fugind să-și salveze viața, călătorul se pomenește pe marginea unei prăpăstii și sare. Spre groaza lui, vede un crocodil imens așteptându-l la baza stâncii, cu gura larg deschisă, gata să-l înghită. Cu o mișcare disperată, călătorul apucă repede ramurile unui tufiș sălbatic care crește pe stâncă. E prins între două opțiuni îngrozitoare: tigrul de sus și crocodilul de jos. Doi șoareci încep să roadă rămurișul de care atârnă. Știe că moartea este inevitabilă.

Tolstoi a folosit această povestire pentru a-și ilustra viața. În criza sa existențială, s-a văzut pe sine ca pe acel călător, incapabil să se bucure de nimic din ce avea viața să-i ofere, deoarece nu se putea concentra decât la șoareci și la crocodil.[189] Dar sunt mai multe în *kōan*-ul zen decât ce a extras Tolstoi: în loc să fie obsedat de moartea inevitabilă, călătorul se concentrează pe frumusețea care există în momentul prezent. Alături de tufiș, sunt câteva frăguțe lucioase, pe care le apucă cu mâna cealaltă. În timp ce le mănâncă, se gândește: *Ce dulci sunt!**

Viața se poate sfârși într-o bună zi. În celelalte zile ea continuă. Atunci avem ocazia să apreciem frumusețea,

---

* Există mici diferențe între povestirea relatată de autor și fabula de care vorbește Tolstoi în *Spovedanie*: tigrul este la Tolstoi o fiară (fără altă precizare), prăpastia este o fântână secată, crocodilul este un zmeu, frăguțele sunt picături de miere („Descoperă pe frunzele tufișului picături de miere, ajunge la ele cu limba și le linge"). Vezi Lev Tolstoi, *Spovedanie*, trad. Janina Ianoși, EuroPress Group, București, 2008, pp. 50–52, și compară notele 186 și 189 din cartea de față (n. tr.).

să cultivăm sensul și să găsim plăcerea. O viață minunată este o viață în armonie cu micile minuni ale vieții de fiecare zi. Această idee e mai amplu dezvoltată de Alan W. Watts, faimosul maestru zen, care compară viața cu muzica. El observă că în muzică finalul compoziției nu e punctul culminant. Când se cântă o melodie, nu câștigă cel care o cântă cel mai repede. În muzică nu este important să ajungi la sfârșit, ci ceea ce se întâmplă în momentele când se cântă.[190] După cum spune el: „Ne-am imaginat viața printr-o analogie – ca o călătorie sau un pelerinaj – care are un scop serios la sfârșit. Problema era să ajungi la acel sfârșit, succes sau ce-o fi, sau poate Raiul după ce mori, dar ne-am înșelat cu totul. Era ceva muzical și trebuia să cânți sau să dansezi în timp ce răsuna muzica". Într-o zi muzica se va opri. Ce se întâmplă după aceea nimeni nu știe. Dar nu are rost să aștepți tăcerea. Dacă citești asta, atunci muzica mai cântă pentru tine. Așa că du-te și dansează.

Epilog

„Fiecare atom din corpul nostru a făcut parte cândva dintr-o stea care a explodat [...] corpurile noastre sunt alcătuite din pulbere de stele [...] aceste miriade de stele s-au sacrificat, dacă vreți, pentru ca într-o zi voi să vă nașteți.“ —Lawrence Krauss, *A Universe from Nothing*, 2009*

Capacitatea uimitoare a oamenilor de a iubi, de a sărbători, de a plânge, de a cânta, de a dansa și visa, apărută dintr-o grămadă de oxigen, carbon, hidrogen și o mulțime de alți atomi, este o minune care merită prețuită. Cu cât ne e mai limpede că viața omului e un eveniment arbitrar și improbabil, cu atât mai recunoscători ar trebui să fim că fiecare dintre noi a primit o viață unică pe care s-o trăiască. Existența umană are valoare și sens chiar și într-un univers lipsit de orice valoare absolută; de fapt, *tu* dai preț existenței, atribuindu-i valoare.

În loc să contempli sensul *vieții*, concentrează-te pe sensul *în* viață.

Sensul în viață nu ține de viață în general; ține de viața ta. Ține de modul în care tu îți poți duce existența unică încărcată de sens și demnă de a fi trăită. Iar a-ți duce existența unică încărcată de sens e mai simplu decât ai crede: conectează-te cu tine însuți urmărind activități și scopuri care au sens pentru tine; caută locuri în

---

* Lawrence M. Krauss, *Universul din nimic*, trad. Constantin Dumitru-Palcus, Trei, București, 2013, p. 45, p. 47 (n. tr.).

care să te dezvolți și folosește domeniile la care te pricepi; conectează-te cu alții cultivând relații apropiate; și fă ceva bun pentru alții. Aceste patru surse de sens pot să nu pară prea revoluționare, dar exact asta e trăsătura lor cea mai puternică. Sunt pietrele de temelie ale unei existențe pline de sens, pe care tu – și oricine altcineva – o recunoști deja ca prețioasă. Nu mai urmări fantomele din trecut. Nu mai duce dorul sensului impus de sus vieții. Nu-i mai lăsa pe alții să stabilească standardele pentru viața ta. Concentrează-te în schimb pe a-ți face propria viață – și viețile celor la care ții – mai plină de sens. Poate părea un sfat simplu, dar aici se află calea spre o viață plină de sens. Așa cum a scris Camus: „Dar un singur adevăr, dacă este evident, e de ajuns pentru conduita unei existențe“[191].

Mulțumiri

„Aruncă trandafiri în abis și spune: «Iată mulțumirile mele pentru monstrul care nu știe cum să mă înghită de viu».“
—Friedrich Nietzsche, *Nachgelassene Fragmente*, circa 1883

E nevoie de multă lume ca să scrii o carte. Fără diversele discuții purtate cu un grup larg de oameni – cercetători, filozofi, prieteni, membri ai familiei, străini de pe terasele hotelurilor – sau articolele și cărțile incitante pe care am avut plăcerea să le citesc în decursul anilor, această carte nu ar exista. Astfel, în loc să fie doar creația mea, ea este o concentrare a înțelepciunii acumulate din acele conversații între prieteni, membri ai familiei și străini în egală măsură, precum și din scrierile autorilor și ale colegilor, de la care am avut privilegiul să învăț. Menționarea tuturor ar fi imposibilă, dar iată cei câțiva oameni care m-au ajutat cel mai direct să transform această carte în realitate.

În primul rând, vreau să-i mulțumesc lui Signe Bergstrom, care mi-a oferit un sprijin prețios în transformarea marilor idei și teze filozofice într-o serie inteligibilă de perspective. A făcut realmente efortul de a se gândi împreună cu mine cum să aranjez și să prezint ideile și cum să scriu despre ele într-un mod interesant. Scrierea cărții cu ea în echipă s-a dovedit o experiență foarte instructivă, și îi mulțumesc cu căldură pentru contribuția ei. În plus, vreau să le mulțumesc lui Elizabeth Viscott Sullivan și Martei Schooler, de la Harper Design, pentru că au crezut în această carte și pentru sprijinul lor important în alcătuirea ei. Apoi vreau să le mulțumesc în mod special agentelor mele, Elina Ahlbäck și Rhea Lyons, precum și echipei lor, care au făcut o treabă nemaipomenită transformând ideea mea pentru carte în realitate, desăvârșindu-mi propunerea, sprijinindu-mă și prezentând consecvent informații despre ea pentru a fi publicată.

Diverse persoane fie au comentat părți ale manuscrisului, fie au avut discuții semnificative cu mine în timp ce lucram la el, iar aceste perspective au intrat în carte într-un fel sau altul. Mulțumesc pentru a-mi fi oferit idei noi, pentru a-mi fi contestat punctele de vedere și pentru a-mi fi dat un feedback prețios care m-a ajutat să-mi perfecționez argumentele: Ed Deci, Adam Grant, Antti Kauppinen, Laura King, Dmitry Leontiev, Jani Marjanen, Thaddeus Metz, Gregory Pappas, Holli-Anne Passmore, Anne Birgitta Pessi, Richard Ryan, Esa Saarinen, Emma Seppälä, Kennon Sheldon, Michael Steger, Jaakko Tahkokallio, Wenceslao Unanue și Monica Worline. Le mulțumesc participanților la Seminarul de Cercetare în Filozofie Morală și Politică de la Universitatea din Helsinki și participanților la Conferința despre Sensul Vieții de la Universitatea Harvard. Vreau să subliniez în mod special contribuțiile lui Esa Saarinen și Richard Ryan, care mi-au fost mentori intelectuali de bază în munca de cercetare. Le mulțumesc de asemenea prietenilor și colegilor mei pentru călătoria în care am mers împreună și pentru că m-au ajutat să devin cine sunt astăzi: Lauri, Karkki, Tapani, Timo și altor persoane de la Filosofian Akatemia; colegilor mei de facultate, de la filozofie, Eetu, Hanna, Johanna, Kalle, Markus, Matti, Sanna și Reima; grupului meu de lectură și prietenilor mei de la *floorball* Akseli, Antti H., Antti T., Janne, Jouni, Juha, Mikko, Olli, Timur, Touko și Ville; și fratelui meu și surorii mele, ca și cumnaților mei, Eero, Tiia, Anna și Tomi!

Mai vreau să-i mulțumesc lui John Dewey, mentorul meu de acum un secol în materie de filozofie, ale cărui scrieri mi-au asigurat o bază solidă pe care mi-am construit propriile idei și pe ai cărui umeri sunt mândru să stau.

În sfârșit, vreau să le mulțumesc părinților mei, Heikki și Maarit, pentru că mi-au asigurat un mediu încurajator și protector în care am crescut. O bibliotecă mare și timp să le citești povești sunt cele mai mari daruri pe care le poți face copiilor tăi. Acesta este darul pe care vreau să-l fac și eu copiilor mei, Vikkeri,

Roki și Tormi. Împreună cu soția mea, Piret, căreia vreau să-i mulțumesc pentru sprijinul acordat pe toată durata proiectului și pentru că mi-a făcut darul de a avea o familie, ei sunt cei mai importanți pentru sensul din propria mea viață!

Note

1. Roy F. Baumeister & Kathleen D. Vohs, „The Pursuit of Meaningfulness in Life", în *Handbook of Positive Psychology*, eds. Charles R. Snyder & Shane J. Lopez, pp. 608–618, Oxford University Press, New York, 2002, p. 613.
2. Lisa L. Harlow, Michael D. Newcomb & Peter M. Bentler, „Depression, Self-Derogation, Substance Use, and Suicide Ideation: Lack of Purpose in Life as a Mediational Factor", *Journal of Clinical Psychology* 42, nr. 1 (1986), pp. 5–21; Craig J. Bryan, William B. Elder, Mary McNaughton-Cassill, Augustin Osman, Ann Marie Hernandez & Sybil Allison, „Meaning in Life, Emotional Distress, Suicidal Ideation, and Life Functioning in an Active Duty Military Sample", *The Journal of Positive Psychology* 8, nr. 5 (2013), pp. 444–452. Pentru o comparație la nivel național a ratelor de găsire a sensului în viață și a ratelor de sinucidere, vezi Shigehiro Oishi & Ed Diener, „Residents of Poor Nations Have a Greater Sense of Meaning in Life Than Residents of Wealthy Nations", *Psychological Science* 25, nr. 2 (2014), pp. 422–430.
3. Vezi Michael F. Steger, „Meaning and Well-Being", în *Handbook of Well-Being*, ed. Ed Diener, Shigehiro Oishi & Louis Tay, DEF Publishers, Salt Lake City, UT, 2018.
4. Vezi Randy Cohen, Chirag Bavishi & Alan Rozanski, „Purpose in Life and Its Relationship to All-Cause Mortality and

Cardiovascular Events: A Meta-Analysis", *Psychosomatic Medicine* 78, nr. 2 (2016), pp. 122–133 pentru o metaanaliză a zece studii prospective cu un total de 136.265 de participanți.

5. Viktor Frankl, *Man's Search for Meaning*, Washington Square Press, New York, 1963, p. 164 (Viktor Frankl, *Omul în căutarea sensului vieții*, trad. Silvian Guranda, Meteor Press, București, 2009, p. 116 – n. tr.). Citatul este din cartea lui Nietzsche *Amurgul idolilor* (vezi și traducerea lui Alexandru Al. Șahighian în Friedrich Nietzsche, *Știința voioasă. Genealogia moralei. Amurgul idolilor*, Humanitas, București, 1993, p. 454: „Dacă dispui de acel *de ce*? al vieții, te împaci cu aproape orice *cum*?" – n. tr.).
6. Alasdair MacIntyre, *After Virtue*, ed. a 3-a, University of Notre Dame Press, Notre Dame, IN, 2007 (Alasdair MacIntyre, *Tratat de morală: După virtute*, trad. Catrinel Pleșu, Humanitas, București, 1998 – n. tr.).
7. Vezi mai ales Christian Welzel, *Freedom Rising: Human Empowerment and the Quest for Emancipation*, Cambridge University Press, New York, 2013.
8. Tim Kreiner, „The «Busy» Trap", *New York Times*, 30 iunie 2012. https://opinionator.blogs.nytimes.com/2012/06/30/the-busy-trap/.
9. Iddo Landau, *Finding Meaning in an Imperfect World*, Oxford University Press, New York, 2017, p. 205.
10. Această viziune asupra condiției umane provine din William James și John Dewey, două figuri importante în tradiția filozofică pragmatistă. Vezi Frank Martela, „Pragmatism as an Attitude", în *Nordic Studies in Pragmatism 3: Action, Belief and Inquiry – Pragmatist Perspectives on Science, Society and Religion*, ed. Ulf Zackariasson, pp. 187–207, Nordic Pragmatism Network, Helsinki, 2015, și introducerea la a doua mea teză de doctorat, Frank Martela, *A Pragmatist Inquiry into the Art of Living: Seeking Reasonable and Life-Enhancing Values within the Fallible Human Condition*, University of Helsinki, Helsinki, 2019.
11. Albert Camus, *Myth of Sisyphus*, trad. Justin O'Brien, Vintage Books, New York, 1955 (Albert Camus, *Mitul lui Sisif*, trad. Irina Mavrodin, în Albert Camus, *Fața și reversul. Nunta. Mitul lui Sisif. Omul revoltat. Vara*, RAO, București, 1994 – n. tr.).

12. Todd May, *A Significant Life: Human Meaning in a Silent Universe*, University of Chicago Press, Chicago, 2015, p. ix.
13. Robert N. Bellah, Richard P. Madsen, William M. Sullivan, Ann Swidler & Steven M. Tipton, *Habits of the Heart*, University of California Press, Berkeley, 1985. Citatele sunt de la paginile 20–22 și 76.
14. Jean-Paul Sartre, *Existentialism Is a Humanism*, trad. Carol Macomber, Yale University Press, New Haven, 2007, p. 29 (Jean-Paul Sartre, *Existențialismul este un umanism*, trad. Veronica Știr, George Coșbuc, Bistrița, 1994, p. 12 – n. tr.).
15. De exemplu, Angus Deaton, „Income, Health and Well-Being Around the World: Evidence from the Gallup World Poll", *Journal of Economic Perspectives* 22, nr. 2 (2008), pp. 53–72.
16. Shigehiro Oishi & Ed Diener, „Residents of Poor Nations Have a Greater Sense of Meaning in Life Than Residents of Wealthy Nations", *Psychological Science* 25, nr. 2 (2014), pp. 422–430.
17. Aceste trei dimensiuni ale absurdității au fost identificate de Joe Mintoff. Vezi Joe Mintoff, „Transcending Absurdity", *Ratio* 21, nr. 1 (2008), pp. 64–84.
18. Neil deGrasse Tyson, *Astrophysics for People in a Hurry*, W.W. Norton & Company, New York, 2017, p. 13.
19. Thomas Nagel, „The Absurd", *The Journal of Philosophy* 68, nr. 20 (1971), pp. 716–727, 717.
20. Mintoff, „Transcending Absurdity".
21. Leo Tolstoy, *Confession*, trad. David Patterson, W.W. Norton & Co., New York, 1983, p. 49 (Lev Tolstoi, *Spovedanie*, trad. Janina Ianoși, EuroPress Group, București, 2008, p. 73 – n. tr.).
22. Carlin Flora, „The Pursuit of Happiness", *Psychology Today*, ianuarie 2009. Disponibilă online: https://www.psychologytoday.com/intl/articles/200901/the-pursuit-happiness.
23. Darrin M. McMahon, „From the Happiness of Virtue to the Virtue of Happiness: 400 b.c.–a.d. 1780", *Daedalus* 133, nr. 2 (2004), pp. 5–17.
24. Geoffrey Chaucer, *The Canterbury Tales*, transpuse în engleza modernă de J.U. Nilson, Dover Publications, Mineola, NY, 2004, p. 215 (Geoffrey Chaucer, *Povestirile din Canterbury*, 2 vol., trad. Dan Duțescu, Editura pentru Literatură Universală, București, 1964, vol. 1, p. 328 – n. tr.).

25. Vezi, de exemplu, Roy F. Baumeister, „How the Self Became a Problem: A Psychological Review of Historical Research“, *Journal of Personality and Social Psychology* 52, nr. 1 (1987), pp. 163–176.
26. Pentru o istorie a fericirii, vezi mai ales Darrin M. McMahon, *The Pursuit of Happiness: A History from the Greeks to the Present*, Allen Lane, London, 2006.
27. În 1689, John Locke a declarat că oamenii urmăresc fericirea și că aceasta îi pune în mișcare. John Locke, *An Essay Concerning Human Understanding*, Penguin Books, London, 1689/1997, p. 240 (John Locke, *Eseu asupra intelectului omenesc*, 2 vol., trad. Armand Roșu și Teodor Voiculescu, Editura Științifică, București, 1961, vol. 1, p. 240 – n. tr.). Vezi și McMahon, „From the Happiness of Virtue to the Virtue of Happiness“.
28. Vezi, de exemplu, Charles Taylor, *The Ethics of Authenticity*, Harvard University Press, Cambridge, MA, 1991 (Charles Taylor, *Etica autenticității*, trad. Alex Moldovan, IDEA Design & Print, Cluj, 2006 – n. tr.).
29. Definiția exactă a fericirii reprezintă o mare dispută în filozofia și psihologia occidentală, unii asociind fericirea cu satisfacția în viață, alții cu bogăția de emoții și sentimente pozitive, iar alții construind enunțuri mai complexe despre fericire ca reacție favorabilă, în termeni emoționali, a unui individ la propria viață. Dar, pentru discuția noastră, nu trebuie să ne oprim la o definiție exactă a fericirii, întrucât ceea ce voi spune despre aceasta se aplică la toate definițiile fericirii, care o consideră un set de sentimente și emoții subiective sau reacții favorabile față de viață. Pentru discuția despre definiția fericirii, vezi, de exemplu, Daniel M. Haybron, *The Pursuit of Unhappiness: The Elusive Psychology of Well-Being*, Oxford University Press, New York, 2008.
30. Luo Lu & Robin Gilmour, „Culture and Conceptions of Happiness: Individual Oriented and Social Oriented SWB“, *Journal of Happiness Studies* 5, nr. 3 (2004), pp. 269–291.
31. Eric Weiner, *The Geography of Bliss*, Hachette Book Group, New York, 2008, pp. 316–318.
32. *Ibid.*, p. 318.
33. Iris B. Mauss, Maya Tamir, Craig L. Anderson & Nicole S. Savino, „Can Seeking Happiness Make People Unhappy?

Paradoxical Effects of Valuing Happiness", *Emotion* 11, nr. 4 (2011), pp. 807–815. Vezi și Maya Tamir & Brett Q. Ford, „Should People Pursue Feelings That Feel Good or Feelings That Do Good? Emotional Preferences and Well-Being", *Emotion* 12, nr. 5 (2012), pp. 1061–1070.

34. Iris B. Mauss, Nicole S. Savino, Craig L. Anderson, Max Weisbuch, Maya Tamir & Mark L. Laudenslager, „The Pursuit of Happiness Can Be Lonely", *Emotion* 12, nr. 5 (2012), pp. 908–912.
35. Pentru oamenii cu un anumit grad de simptome depresive, raportarea constantă a nivelurilor lor de fericire poate fi în detrimentul stării lor de bine. Vezi Tamlin S. Conner & Katie A. Reid, „Effects of Intensive Mobile Happiness Reporting in Daily Life", *Social Psychological and Personality Science* 3, nr. 3 (2012), pp. 315–323.
36. Mulți filozofi au tendința să considere fericirea și sensul în viață ca două valori separate și fundamentale în viața omului. Vezi Thaddeus Metz, *Meaning in Life: An Analytic Study*, Oxford University Press, Oxford, 2013, capitolul 4; și Susan Wolf, „Meaningfulness: A Third Dimension of the Good Life", *Foundations of Science* 21, nr. 2 (2016), pp. 253–269.
37. În experimentul imaginar al filozofului Robert Nozick cu o „mașină de produs trăiri" care oferă toate plăcerile posibile, se găsește exemplul clasic. Așa cum se demonstrează, oamenii nu sunt prea dornici să se conecteze la o asemenea mașină. Vezi Robert Nozick, *Anarchy, State, and Utopia*, Blackwell, Padstow, 1974, p. 42 (Robert Nozick, *Anarhie, stat și utopie*, trad. Mircea Dumitru, Humanitas, București, 1997, p. 86 – n. tr.).
38. John F. Helliwell, Richard R. Layard & Jeffrey D. Sachs, eds., *World Happiness Report 2019*, Sustainable Development Solutions Network, New York, 2019. Vezi și anterioarele *World Happiness Reports*.
39. Vezi Jakub Marian, „Number of Metal Bands per Capita in Europe", https://jakubmarian.com/number-of-metal-bands-per-capita-in-europe/.
40. John F. Helliwell *et al.*, *World Happiness Report 2019*.
41. De exemplu, Max Haller & Markus Hadler, „How Social Relations and Structures Can Produce Happiness and Unhappiness:

An International Comparative Analysis", *Social Indicators Research* 75, nr. 2 (2006), pp. 169–216; Ronald Inglehart, Robert Foa, Christopher Peterson & Christian Welzel, „Development, Freedom, and Rising Happiness: A Global Perspective (1981–2007)", *Perspectives on Psychological Science* 3, nr. 4 (2008), pp. 264–285.

42. Jon Clifton, „People Worldwide Are Reporting a Lot of Positive Emotions", 21 mai 2014. http://news.gallup.com/poll/169322/people-worldwide-reporting-lot-positive-emotions.aspx.
43. World Health Organization, *Global Health Estimates 2015: DALYs by Cause, Age, Sex, by Country and by Region, 2000–2015*, World Health Organization, Geneva, 2016.
44. Comparați, de exemplu, Dheeraj Rai, Pedro Zitko, Kelvyn Jones, John Lynch & Richard Araya, „Country- and Individual-Level Socioeconomic Determinants of Depression: Multilevel Cross-National Comparison", *The British Journal of Psychiatry* 202, nr. 3 (2013), pp. 195–203, și Alize J. Ferrari, Fiona J. Charlson, Rosana E. Norman, Scott B. Patten, Greg Freedman, Christopher J.L. Murray *et al.*, „Burden of Depressive Disorders by Country, Sex, Age, and Year: Findings from the Global Burden of Disease Study 2010", *PLOS Medicine* 10, nr. 11 (2013), e1001547.
45. Vezi Brett Q. Ford, Phoebe Lam, Oliver P. John & Iris B. Mauss, „The Psychological Health Benefits of Accepting Negative Emotions and Thoughts: Laboratory, Diary, and Longitudinal Evidence", *Journal of Personality and Social Psychology* 115, nr. 6 (2018), pp. 1075–1092.
46. Relația este logaritmică mai degrabă decât liniară, dar cercetătorii discută încă dacă există un punct de saturație pentru satisfacția în viață. Emoțiile pozitive au în general legături mai reduse cu banii, iar aici punctul de saturație este observat mai rapid. Vezi Daniel Kahneman & Angus Deaton, „High Income Improves Evaluation of Life But Not Emotional Well-Being", *Proceedings of the National Academy of Sciences* 107, nr. 38 (2010), pp. 16489–16493; Eugenio Proto & Aldo Rustichini, „A Reassessment of the Relationship Between GDP and Life Satisfaction", *PLOS ONE* 8, nr. 11 (2013), e79358; și Daniel W.

Sacks, Betsy Ayer Stevenson & Justin Wolfers, „The New Stylized Facts About Income and Subjective Well-Being", *Emotion* 12, nr. 6 (2012), pp. 1181–1187.

47. Andrew T. Jebb, Louise Tay, Ed Diener & Shigehiro Oishi, „Happiness, Income Satiation and Turning Points Around the World", *Nature Human Behaviour* 2, nr. 1 (2018), pp. 33–38.
48. Jonathan Haidt, *Happiness Hypothesis: Finding Modern Truth in Ancient Wisdom*, Basic Books, New York, 2006, p. 89 (Jonathan Haidt, *Ipoteza fericirii: Armonia dintre știința modernă și vechea înțelepciune*, trad. Simona Drelciuc, Humanitas, București, 2020, p. 128 – n. tr.).
49. Chuck Palahniuk, *Fight Club*, Vintage Books, London, 2010, p. 149 (Chuck Palahniuk, *Fight Club*, trad. Dan Croitoru, Polirom, Iași, 2004, p. 186 – n. tr.).
50. Statista, „Media Advertising Spending in the United States from 2015 to 2022 (in billion U.S. dollars)", 28 martie 2019, https://www.statista.com/statistics/272314/advertising-spending-in-the-us/.
51. Barry Schwartz, *The Paradox of Choice: Why More Is Less*, HarperCollins, New York, 2004.
52. Herbert A. Simon, „Rational Choice and the Structure of the Environment", *Psychological Review* 63, nr. 2 (1956), pp. 129–138. Simon compară strategiile *„satisfice"* și *„optimize"* (*satisfice* – termen creat de Simon, combinație între *satisfy* și *suffice*, „a satisface" și „a fi suficient"; *optimize* – „a optimiza" – n. tr.).
53. Vezi Nathan N. Cheek & Barry Schwartz, „On the Meaning and Measurement of Maximization", *Judgment and Decision Making* 11, nr. 2 (2016), pp. 126–146.
54. Samantha J. Heintzelman & Laura A. King, „Life Is Pretty Meaningful", *American Psychologist* 69, nr. 6 (2014), pp. 561–574.
55. *The Health and Retirement Study*, un studiu longitudinal continuu asupra americanilor de peste 50 de ani, sponsorizat de National Institute on Aging de la Universitatea din Michigan, http://hrsonline.isr.umich.edu/. Aceste rezultate sunt raportate în Heintzelman & King, „Life Is Pretty Meaningful".
56. Rosemarie Kobau, Joseph Sniezek, Matthew M. Zack, Richard E. Lucas & Adam Burns, „Well-Being Assessment: An Evaluation

of Well-Being Scales for Public Health and Population Estimates of Well-Being Among US Adults", *Applied Psychology: Health and Well-Being* 2 (2010), pp. 272–297.

57. Oishi & Diener, „Residents of Poor Nations".
58. Fei-Hsiu Hsiao, Guey-Mei Jow, Wen-Hung Kuo, King-Jen Chang, Yu-Fen Liu, Rainbow T. Ho *et al.*, „The Effects of Psychotherapy on Psychological Well-Being and Diurnal Cortisol Patterns in Breast Cancer Survivors", *Psychotherapy and Psychosomatics* 81 (2012), pp. 173–182.
59. Heintzelman & King, „Life Is Pretty Meaningful", p. 567.
60. Uneori oamenii pot fi dezamăgiți și își pot descrie propriile stări emoționale într-un mod care nu inspiră încredere, așa încât trebuie să fim sceptici în privința acestor descrieri. Dar nu există nici o dovadă a unei subiectivități atât de sistematice, încât să le facă absolut lipsite de valoare, de cele mai multe ori fiind probabil relativ exacte. Vezi, de exemplu, OECD, *OECD Guidelines on Measuring Subjective Well-Being*, OECD Publishing, Paris, 2013. Oricum ar fi, eu mă situez de partea psihologilor, concentrându-mă pe sensul vieții așa cum este trăit de oameni, nu crezând că există vreun standard exterior care poate fi folosit pentru a aprecia sensul existenței oamenilor indiferent de propria lor experiență.
61. Jon H. Kaas, „The Evolution of Brains from Early Mammals to Humans", *Wiley Interdisciplinary Reviews: Cognitive Science* 4, nr. 1 (2013), pp. 33–45. Vezi și Joseph R. Burger, Menshian A. George, Claire Leadbetter & Farhin Shaikh, „The Allometry of Brain Size in Mammals", *Journal of Mammalogy* 100, nr. 2 (2019), pp. 276–283.
62. Yuval Harari, *Sapiens: A Brief History of Humankind*, Harper, New York, 2015 (Yuval Noah Harari, *Sapiens: Scurtă istorie a omenirii*, trad. Adrian Șerban, Polirom, Iași, 2017 – n. tr.).
63. Vezi William A. Roberts, „Are Animals Stuck in Time?", *Psychological Bulletin* 128, nr. 3 (2002), pp. 473–489. Dar vezi și William A. Roberts, „Mental Time Travel: Animals Anticipate the Future", *Current Biology* 17, nr. 11 (2007), R418–R420, unde datele sunt reexaminate privitor la capacitatea unor animale de a anticipa viitorul și de a avea amintiri de tip episodic.

Ca în cazul majorității lucrurilor care separă oamenii de animale, în locul unei dihotomii clare, oamenii doar au mult mai mult din ceea ce unele animale au puțin.

64. Antti Kauppinen, „Meaningfulness and Time", *Philosophy and Phenomenological Research* 84, nr. 2 (2012), pp. 345–377, 368.
65. Adam Waytz, Hal E. Hershfield & Diana I. Tamir, „Mental Simulation and Meaning in Life", *Journal of Personality and Social Psychology* 108, nr. 2 (2015), pp. 336–355, studiul 1.
66. Sociabilitatea umană și traiul în triburi mari a avut, cel mai probabil, strânsă legătură cu motivul pentru care ne-am dezvoltat capacitatea reflexivă unică, așa cum susține, de exemplu, Dunbar. De asemenea, nevoia de justificare a avut, cel mai probabil, strânsă legătură cu nevoia de a ne justifica acțiunile în fața altora, așa cum susține, de exemplu, Haidt. Vezi Robin I.M. Dunbar, „The Social Brain Hypothesis", *Evolutionary Anthropology: Issues, News, and Reviews* 6, nr. 5 (1998), pp. 178–190, și Jonathan Haidt, „The Emotional Dog and Its Rational Tail: A Social Intuitionist Approach to Moral Judgment", *Psychological Review* 108 (2001), pp. 814–834.
67. Vezi Frank Martela & Michael F. Steger, „The Meaning of Meaning in Life: Coherence, Purpose, and Significance as the Three Facets of Meaning", *Journal of Positive Psychology* 11, nr. 5 (2016), pp. 531–545.
68. Erich Fromm, *Escape from Freedom*, Avon Books, New York, 1965, p. viii. Prima ediție a cărții a fost publicată în 1941 (Erich Fromm, *Fuga de libertate*, trad. Cristina Jinga, Trei, București, 2016, p. 10 – n. tr.).
69. *Ibid.*, p. xii (Erich Fromm, *Fuga de libertate*, trad. rom. cit., p. 13 – n. tr.).
70. Michael F. Steger, Yoshito Kawabata, Satoshi Shimai & Keiko Otake, „The Meaningful Life in Japan and the United States: Levels and Correlates of Meaning in Life", *Journal of Research in Personality* 42, nr. 3 (2008), pp. 660–678.
71. Charles Taylor, *A Secular Age*, The Belknap Press of Harvard University Press, Cambridge, MA, 2007. Descrierea concepției despre lume a oamenilor care au trăit în anii 1500 se bazează în principal pe capitolul 1 din cartea lui Taylor.

72. Taylor, *A Secular Age*, p. 42, bazat pe Stephen Wilson, *The Magical Universe*, Hambledon & London, London, 2004.
73. Max Weber, *The Sociology of Religion*, Beacon Press, Boston, 1971 (Max Weber, *Sociologia religiei*, trad. Claudiu Baciu, Teora, București, 1998, p. 264: „lumea a rămas o mare grădină fermecată" – n. tr.).
74. Există desigur o mare diferență în cadrul concepțiilor despre lume între spiritele locale și Dumnezeul cel unic, creator atotputernic, dar nu avem cum să examinăm aici așa-numita revoluție axială și felul în care aceasta ne-a schimbat concepțiile despre lume.
75. Aristotle, *Nicomachean Ethics*, trad. Robert C. Bartlett & Susan D. Collins, University of Chicago Press, Chicago, 2012, 1094a: 18–20 (Aristotel, *Etica nicomahică*, trad. Stella Petecel, Editura Științifică și Enciclopedică, București, 1988, p. 7 – n. tr.).
76. Aristotle, *Nicomachean Ethics*, 1106a: 17–24 (Aristotel, *Etica nicomahică*, trad. rom. cit., p. 40 – n. tr.).
77. De observat că Hochschild susține că această întrebare s-a pus până în secolul XX, în timp ce eu susțin aici că sensul vieții a început să o înlocuiască în secolul al XIX-lea. Joshua P. Hochschild, „What «the Meaning of Life» Replaced", https://thevirtueblog.com/2017/12/18/what-the-meaning-of-life-replaced/.
78. Vezi introducerea de Kerry McSweeney și Peter Sabor în Carlyle, *Sartor Resartus*.
79. Filozoful Wendell O'Brien susține că lucrarea lui Carlyle este prima scriere literară cunoscută în care apare expresia „sensul vieții". *Oxford English Dictionary* menționează, la fel, cartea lui Carlyle ca prim exemplu pentru această expresie. Cercetările mele și discuțiile cu unii specialiști nu au reușit să descopere nici o altă utilizare anterioară a expresiei „sensul vieții". Mi-ar plăcea să se demonstreze că nu am dreptate, dar deocamdată sugerez ideea că sintagma a fost probabil inventată în limba engleză de Thomas Carlyle prin 1833-1834, inspirat de romanticii germani care au folosit expresia „*der Sinn des Lebens*" cu câteva decenii înainte. Vezi Wendell O'Brien, „The Meaning of Life: Early Continental and Analytic Perspectives", în *Internet Encyclopedia of Philosophy* (2014). Găsită la http://www.iep.utm.edu/mean-ear/.

80. Thomas Carlyle, *Sartor Resartus*, Oxford University Press, Oxford, 1987, p. 3 (Thomas Carlyle, *Filosofia vestimentației: Sartor Resartus*, trad. Mihai Avădanei, Institutul European, Iași, 1998, p. 17 – n. tr.).
81. Carlyle, *Sartor Resartus*. Citatele din acest paragraf sunt de la pp. 87, 89, 127, 140, 149 (Thomas Carlyle, *Filosofia vestimentației: Sartor Resartus*, trad. rom. cit., pp. 112, 114, 154, 158, 173, 184 – n. tr.).
82. Carlyle, *Sartor Resartus*, p. 211 (Thomas Carlyle, *Filosofia vestimentației: Sartor Resartus*, trad. rom. cit., pp. 279, 30, 250, 257, 173 – n. tr.).
83. Søren Kierkegaard, *Either / Or*, trad. Howard V. Hong & Edna H. Hong, Princeton University Press, Princeton, NJ, 1987, p. 31 (Søren Kierkegaard, *Sau-Sau*, trad. Ana-Stanca Tabarasi, în Søren Kierkegaard, *Opere*, vol. 2, partea întâi, Humanitas, București, 2008, p. 88 – n. tr.).
84. Arthur Schopenhauer, *On Human Nature*, trad. Thomas Bailey Saunders, Cosimo, New York, 2010, p. 62. Expresia *„Sinn des Lebens"* apare cel puțin o dată și în *magnum opus* al lui Schopenhauer *Die Welt als Wille und Vorstellung* (*Lumea ca voință și reprezentare*).
85. Leo Tolstoy, *Tolstoy's Diaries, Volume I, 1847–1894*, ed. R.F. Christian, The Athlone Press, London, 1985, p. 191 (Lev Tolstoi, *Jurnal*, 2 vol., trad. Janina Ianoși, Univers, București, 1975; este o selecție din care lipsesc cele două citate – n. tr.).
86. Tolstoy, *Confession*, pp. 33–34 (Lev Tolstoi, *Spovedanie*, trad. rom. cit., p. 54 – n. tr.). De observat că această exprimare anume („Far from finding what I wanted, I became convinced that all who like myself had sought in knowledge for the meaning of life had found nothing") provine din traducerea lui Louise și Aylmer Maude, folosită de Antony Flew, „Tolstoi and the Meaning of Life", în *Ethics* 73, nr. 2 (1963), pp. 110–118.
87. Tolstoy, *My Confession*, în *The Meaning of Life*, ed. a 2-a, ed. E.D. Klemke, trad. Leo Wierner, pp. 11–20, Oxford University Press, New York, 2000, p. 15 (Lev Tolstoi, *Spovedanie*, trad. rom. cit., pp. 63–64 – n. tr.).
88. Jaakko Tahkokallio, *Pimeä aika*, Gaudeamus, Helsinki, 2019.

89. În Kepler, „Letter to Mästlin“, din 1595. Citat în James R. Voelkel, *The Composition of Kepler's Astronomia Nova*, Princeton University Press, Princeton, NJ, 2001, p. 33.
90. Acest lucru, ca și altele privind istoria ateismului din acest paragraf, provine din Gavin Hyman, *A Short History of Atheism*, I.B. Tauris & Co., New York, 2010, pp. 3–7. El observă că, în rândul gânditorilor antici greci și romani, putem găsi uneori ceea ce el numește ateism „moale“. Era un fel de gândire liberă, în care câțiva indivizi excepționali propuneau teorii intelectuale care vedeau rolul lui Dumnezeu în moduri noi sau chiar negau o bună parte a acestui rol. Dar asemenea gânditori erau puțini, nu respingeau de obicei practica religioasă și nu antrenau o negare hotărâtă a lumii transcendente în ansamblul său.
91. Hyman, *A Short History of Atheism*, p. 7.
92. Tolstoy, *My Confession*, în *The Meaning of Life*, p. 19 (Lev Tolstoi, *Spovedanie*, trad. rom. cit., p. 93 – n. tr.).
93. Alain de Botton, „How Romanticism Ruined Love“, 19 iulie 2016, https://www.abc.net.au/religion/how-romanticism-ruined-love/10096750.
94. Douglas Adams, *The Hitchhiker's Guide to the Galaxy*, Ballantine Books, New York, 2009, p. 161.
95. Hyman, în *A Short History of Atheism*, analizează la pp. 20–26 tranziția ce are loc în cartea lui Descartes.
96. Vezi, de exemplu, MacIntyre, *After Virtue*.
97. Baumeister, „How the Self Became a Problem“.
98. Hyman, în *A Short History of Atheism*, pp. xvi–xvii, scrie că lumea percepută ca fiind ceva ce poate fi stăpânit și controlat, precum și un sentiment al progresului sunt trăsăturile definitorii cele mai importante ale concepției moderne despre lume.
99. În plus, situația politică specială din Europa era favorabilă unor noi moduri de gândire. În China guvernată centralizat, împăratul avea puterea de a stabili limitele a ceea ce se putea gândi cu voce tare. Elita europeană era unită din punct de vedere cultural și astfel schimba constant idei, dar, din punct de vedere politic, Europa era împărțită în mici orașe-state și regate. Asta însemna că, pentru un liber-cugetător care forța granițele a ceea ce se putea gândi, exista întotdeauna undeva un principe sau un conducător mai liberal și mai tolerant, în al cărui principat

se putea evada dacă lucrurile începeau să se agraveze prea mult în țara de origine. Cred că nu ar trebui să subestimăm această condiție specială din punct de vedere istoric – unitatea culturală în cadrul unei politici descentralizate –, care a permis dezvoltarea rapidă a mai multe inovații de gândire în diverse domenii, de la filozofie până la astronomie și politică.

100. Dintre cei neafiliați, aproximativ o treime se identifică drept atei sau agnostici (31%), aproximativ o treime spun că religia e neimportantă în viețile lor (39%), în timp ce o treime (30%) consideră religia cel puțin într-o oarecare măsură importantă în viețile lor, dar nu se identifică cu nici o religie anume. Deși cei din acest ultim grup s-ar putea să creadă totuși într-un fel de Dumnezeu sau spiritualitate, modul lor de a crede nu este astfel legat de nici un grup religios anume, ci mai degrabă cred sau nu cred în stilul lor propriu. Vezi Pew Research Center, *America's Changing Religious Landscape*, Pew Research Report, 2015.

101. Pew Research Center, *America's Changing Religious Landscape*.

102. Statistica privitoare la lipsa credinței în Dumnezeu provine din International Social Survey Programme (ISSP) 2008, citat în Ariela Keysar & Juhem Navarro-Rivera, „A World of Atheism", în *The Oxford Handbook of Atheism*, ed. S. Bullivant & M. Ruse, pp. 553–585, Oxford University Press, New York, 2013. Numărul de neafiliați religios provine din Pew Research Center, *The Future of World Religions: Population Growth Projections, 2010–2050*, Pew Research Report, 2015. Cât despre cei neafiliați religios, China, Hong Kong și Coreea de Nord au fiecare – împreună cu Cehia și Estonia – mai mult de jumătate din populație neafiliată religios în datele din 2015 ale Pew Research Center.

103. Pe baza procentului de persoane care cred indiscutabil că nu există Dumnezeu comparativ cu cei care cred în Dumnezeu fără nici o îndoială conform sondajului ISSP din 2008. Vezi Figura 36.8 în Keysar & Navarro-Rivera, „A World of Atheism", p. 577.

104. Robert D. Putnam & David E. Campbell, *American Grace: How Religion Divides and Unites Us*, Simon & Schuster, New York, p. 4.

105. Taylor, *A Secular Age*.
106. Putnam & Campbell, *American Grace*, p. 6.
107. Carlyle, *Sartor Resartus*, p. 147 (Thomas Carlyle, *Filosofia vestimentației: Sartor Resartus*, trad. rom. cit., p. 181 – n. tr.).
108. Acesta este modul în care psihologii definesc sensul în viață. De observat că pentru filozofi chiar chestiunea „sensului în viață" se referă în mod special la semnificația obiectivă a unei vieți anume – dacă acea viață are „cu adevărat" un sens – mai degrabă decât la sentimentul subiectiv pe care îl are o persoană în ce privește semnificația.
109. De observat că mulți filozofi analitici sunt încă și astăzi naturaliști obiectivi, crezând că o formă de obiectivism poate fi salvată chiar dacă acceptăm naturalismul. Vezi, de exemplu, Metz, *Meaning in Life*, și Antti Kauppinen, „Meaningfulness", în *The Routledge Handbook of Philosophy of Well-Being*, ed. G. Fletcher, pp. 281–291, Routledge, Abingdon, UK, 2016. Din păcate, nu este aici timpul sau locul pentru a discuta meritele și dezavantajele acestor încercări.
110. Acest sentiment se află în chiar centrul filozofiei pragmatiste a lui Dewey. Vezi mai ales Gregory Pappas, *John Dewey's Ethics: Democracy as Experience*, Indiana University Press, Bloomington, 2008.
111. Vezi, de exemplu, eseurile „Pyrrhus and Cineas" și „Introduction to an Ethics of Ambiguity" în Simone de Beauvoir, *Philosophical Writings*, ed. M.A. Simons, University of Illinois Press, Urbana, 2004.
112. Beauvoir, în eseul „Introduction to an Ethics of Ambiguity", trad. Marybeth Timmermann. În Beauvoir, *Philosophical Writings*, p. 291.
113. Beauvoir, *Philosophical Writings*, p. 293.
114. Vorbesc despre această idee a dezvoltării morale și despre rădăcinile ei în pragmatism în special în Frank Martela, „Is Moral Growth Possible for Managers?", în *Handbook of Philosophy of Management*, ed. Cristina Neesham & Steven Segal. Publicare online anticipată, doi:10.1007/978-3-319-48352-8_18-1.
115. Frankl, *Man's Search for Meaning*, p. 112. De observat că acest citat este din ediția Beacon Press din 2006 a cărții (Viktor

Frankl, *Omul în căutarea sensului vieții*, trad. rom. cit., p. 125 – n. tr.).

116. Pappas, *John Dewey's Ethics*, p. 152.
117. John Dewey, *Human Nature and Conduct*, Henry Holt and Company, 1922, New York, p. 196.
118. Aristotle, *Nicomachean Ethics*, 1096b: 3–4 (Aristotel, *Etica nicomahică*, trad. rom. cit., p. 13 – n. tr.).
119. Samuel Beckett, *Waiting for Godot*, Grove Press, New York, 1954, p. 80 (Samuel Beckett, *Așteptându-l pe Godot*, trad. Gellu Naum, în Samuel Beckett, *Așteptându-l pe Godot. Eleutheria. Sfârșitul jocului*, Curtea Veche, București, 2007, p. 87 – n. tr.).
120. Tim Urban, „The Tail End", *Wait But Why*, 11 decembrie 2015, https://waitbutwhy.com/2015/12/the-tail-end.html.
121. *Ferris Bueller's Day Off*, Broderick, Matthew. Regia John Hughes. Paramount Pictures, Los Angeles, 1986.
122. Această distincție între sursele idiosincratice de sens și sursele universale seamănă cu distincția lui Calhoun între motivele-pentru-oricine și motivele-pentru-mine. Vezi Cheshire Calhoun, *Doing Valuable Time: The Present, the Future, and Meaningful Living*, Oxford University Press, New York, 2018.
123. John Dewey, *Theory of Valuation*, University of Chicago Press, Chicago, 1939.
124. Dezvolt mai mult această temă în articolul meu Frank Martela, „Moral Philosophers as Ethical Engineers: Limits of Moral Philosophy and a Pragmatist Alternative", *Metaphilosophy* 48, nr. 1–2 (2017), pp. 58–78.
125. Edward L. Deci & Richard M. Ryan, „The «What» and «Why» of Goal Pursuits: Human Needs and the Self-Determination of Behavior", *Psychological Inquiry* 11, nr. 4 (2000), pp. 227–268; Richard M. Ryan & Edward L. Deci, *Self-Determination Theory: Basic Psychological Needs in Motivation, Development, and Wellness*, Guilford Press, New York, 2017. Vezi și scurta mea introducere în teoria autodeterminării în Frank Martela, „Self-Determination Theory", în *The Wiley-Blackwell Encyclopedia of Personality and Individual Differences: Vol. I. Models and Theories*, ed. Bernardo J. Carducci & C.S. Nave, John Wiley & Sons, Hoboken, NJ, în curs de apariție.

126. Deci & Ryan, „The «What» and «Why» of Goal Pursuits“, p. 229.
127. Deci & Ryan, „The «What» and «Why» of Goal Pursuits“; Ryan & Deci, *Self-Determination Theory*.
128. Frank Martela & Richard M. Ryan, „The Benefits of Benevolence: Basic Psychological Needs, Beneficence, and the Enhancement of Well-Being“, *Journal of Personality* 84, nr. 6 (2016), pp. 750–764.
129. În special, dacă privarea de bunăvoință nu pare să ducă la o stare de rău în același sens în care o face neîndeplinirea celor trei nevoi recunoscute, satisfacerea nevoii de bunăvoință pare să ducă la starea de bine și la semnificație similar cu cele trei nevoi consacrate. În loc să fie o nevoie psihologică de bază, poate că este un fel de nevoie de îmbunătățire. Vezi Martela & Ryan 2019: „Distinguishing Between Basic Psychological Needs And Basic Wellness Enhancers: The Case of Beneficence as a Candidate Psychological Need“. *Motivation and Emotion*, publicare anticipată online. 10.1007/511031-019-09800.
130. Vezi mai ales Frank Martela, Richard M. Ryan & Michael F. Steger, „Meaningfulness as Satisfaction of Autonomy, Competence, Relatedness, and Beneficence: Comparing the Four Satisfactions and Positive Affect as Predictors of Meaning in Life“, *Journal of Happiness Studies* 19, nr. 5 (2018), pp. 1261–1282. Articolul oferă și trimiteri esențiale la cele mai importante studii pe care le-am văzut, care examinează aceste patru surse ca surse de sens. Vezi și Frank Martela & Tapani J.J. Riekki, „Autonomy, Competence, Relatedness, and Beneficence: A Multicultural Comparison of the Four Pathways to Meaningful Work“, *Frontiers in Psychology* 9 (2018), pp. 1–14.
131. O tratare mai filozofică a acestei sugestii de a construi valorile esențiale pe nevoile de bază poate fi găsită în articolul meu F. Martela, „Four Reasonable, Self-Justifying Values – How to Identify Empirically Universal Values Compatible with Pragmatist Subjectivism“, *Acta Philosophica Fennica*, 94 (2018), pp. 101–128.
132. Profesorul israelian Shalom Schwartz a făcut probabil cea mai vastă cercetare din toată lumea privind valorile umane, cu numeroase studii din anii 1990 până azi, implicând oameni

din peste o sută de țări. Autonomia, competența, conectivitatea și bunăvoința își găsesc oarecum valori corespunzătoare în lista sa de valori universale comune tuturor culturilor: independența, realizarea și grija-bunăvoința, și el recunoaște imediat că „valorile asociate cu autonomia, conectivitatea și competența indică un model universal de mare importanță și larg consens". Ronald Fischer & Shalom Schwartz, „Whence Differences in Value Priorities? Individual, Cultural, or Artifactual Sources", *Journal of Cross-Cultural Psychology*, 42, nr. 7 (2011), pp. 1127–1144. Există o anumită deosebire între definiția dată de Schwartz valorilor relevante și nevoile de bază, care trebuie luată în considerare când se compară valorile sale și nevoile din teoria autodeterminării. Dar eu totuși cred că există suficientă similaritate conceptuală pentru a trage concluzia pe care Schwartz însuși o trage: că nevoile trezesc cel mai probabil un interes aproape universal. Schwartz observă că bunăvoința poate fi împărțită în două subtipuri: încrederea, care se referă la relațiile cu prietenii și la a fi responsabil față de ei, și grija, care se referă mai mult la a fi de ajutor. Vezi Shalom Schwartz, Jan Cieciuch, Michele Vecchione, Eldad Davidov, Ronald Fischer, Constanze Beierlein *et al.*, „Refining the Theory of Basic Individual Values", *Journal of Personality and Social Psychology*, 103, nr. 4 (2012), pp. 663–688.

133. Christopher P. Niemiec, Richard M. Ryan & Edward L. Deci, „The Path Taken: Consequences of Attaining Intrinsic and Extrinsic Aspirations in Post-College Life", *Journal of Research in Personality* 43, nr. 3 (2009), pp. 291–306.
134. Kauppinen, „Meaningfulness and Time", p. 364.
135. Roy Baumeister & Mark Leary, „The Need to Belong: Desire for Interpersonal Attachments as a Fundamental Human Motivation", *Psychological Bulletin*, 117, nr. 3 (1995), pp. 497–529.
136. Arthur Aron, Elaine N. Aron, Michael Tudor & Greg Nelson, „Close Relationships as Including Other in the Self", *Journal of Personality and Social Psychology* 60, nr. 2 (1991), pp. 241–253.
137. Yawei Cheng, Chenyi Chen, Ching Po Lin, Kun Hsien Chou & Jean Decety, „Love Hurts: An fMRI Study", *Neuroimage* 51, nr. 2 (2010), pp. 923–929.

138. Maurice Merleau-Ponty, *Phenomenology of Perception*, trad. C. Smith, Routledge, London, 2002 [1945], p. 413 (Maurice Merleau-Ponty. *Fenomenologia percepției*, trad. Ilieș Câmpeanu și Georgiana Vătăjelu, Aion, Oradea, 1999, p. 418 – n. tr.).
139. Nathaniel Lambert, Tyler F. Stillman, Roy F. Baumeister, Frank D. Fincham, Joshua A. Hicks & Steven M. Graham, „Family as a Salient Source of Meaning in Young Adulthood", *The Journal of Positive Psychology* 5, nr. 5 (2010), pp. 367–376.
140. Pew Research Center, „Where Americans Find Meaning in Life", 20 noiembrie 2018, https://www.pewforum.org/2018/11/20/where-americans-find-meaning-in-life/.
141. Lambert *et al.*, „Family as a Salient Source of Meaning"; Nathaniel M. Lambert, Tyler F. Stillman, Joshua A. Hicks, Shanmukh Kamble, Roy F. Baumeister & Frank D. Fincham, „To Belong Is to Matter: Sense of Belonging Enhances Meaning in Life", *Personality and Social Psychology Bulletin* 39, nr. 11 (2013), pp. 1418–1427; Martela *et al.*, „Meaningfulness as Satisfaction of Autonomy, Competence, Relatedness, and Beneficence".
142. Tyler F. Stillman, Roy F. Baumeister, Nathaniel M. Lambert, A. Will Crescioni, C. Nathan DeWall & Frank D. Fincham, „Alone and Without Purpose: Life Loses Meaning Following Social Exclusion", *Journal of Experimental Social Psychology* 45, nr. 4 (2009), pp. 686–694.
143. Robert D. Putnam, *Bowling Alone: The Collapse and Revival of American Community*, Simon & Schuster, New York, 2001. Pentru o critică, vezi, de exemplu, Claude S. Fischer, „Bowling Alone: What's the Score?", *Social Networks* 27, nr. 2 (2001), pp. 155–167.
144. Jüri Allik & Anu Realo, „Individualism-Collectivism and Social Capital", *Journal of Cross-Cultural Psychology* 35, nr. 1 (2004), pp. 29–49, 34–35.
145. Am auzit pentru prima oară povestea de la prietenul și colegul lui Hintsa, Juha Äkräs. Mai apare în cartea lui Aki Hintsa & Oskari Saari, *The Core: Better Life, Better Performance*, trad. D. Robinson, WSOY, Helsinki, 2015, pp. 196–198.
146. Leena Valkonen, „What Is a Good Father or Good Mother Like? Fifth and Sixth Graders' Conceptions of Parenthood / Millainen

on Hyvä Äiti Tai Isä? Viides- Ja Kuudesluokkalaisten Lasten Vanhemmuuskäsitykset", University of Jyväskylä, Jyväskylä, 2006, p. 42. Citat și în Hintsa & Saari, *The Core*.

147. Frank Martela, „Meaningfulness as Contribution", *The Southern Journal of Philosophy* 55, nr. 2 (2017), pp. 232–256.

148. Frank Martela & Richard M. Ryan, „Prosocial Behavior Increases Well-Being and Vitality Even Without Contact with the Beneficiary: Causal and Behavioral Evidence", *Motivation and Emotion* 40, nr. 3 (2016), pp. 351–357.

149. Vezi, de exemplu, Blake A. Allan, Ryan D. Duffy & Brian Collisson, „Helping Others Increases Meaningful Work: Evidence from Three Experiments", *Journal of Counseling Psychology* 65, nr. 2 (2017), pp. 155–165. Daryl R. Van Tongeren, Jeffrey D. Green, Don E. Davis, Joshua N. Hook & Timothy L. Hulsey, „Prosociality Enhances Meaning in Life", *The Journal of Positive Psychology* 11, nr. 3 (2016), pp. 225–236.

150. Acest subcapitol se bazează pe postarea mea de pe un blog, care a fost publicată inițial de *Scientific American Observations*, intitulată „Exercise, Eat Well, Help Others: Altruism's Surprisingly Strong Help Impact" (7 septembrie 2018), https://blogs.scientificamerican.com/observations/exercise-eat-well-help-others-altruisms-surprisingly-strong-health-impact/.

151. Ashley V. Whillans, Elizabeth W. Dunn, Gillian M. Sandstrom, Sally S. Dickerson & Kenneth M. Madden, „Is Spending Money on Others Good for Your Heart?", *Health Psychology* 35, nr. 6 (2016), pp. 574–583.

152. Stephanie L. Brown, Randolph M. Nesse, Amiram D. Vinokur & Dylan M. Smith, „Providing Social Support May Be More Beneficial Than Receiving It: Results from a Prospective Study of Mortality", *Psychological Science* 14, nr. 4 (2003), pp. 320–327.

153. Morris A. Okun, Ellen Wan Yeung & Stephanie L. Brown, „Volunteering by Older Adults and Risk of Mortality: A Meta-Analysis", *Psychology and Aging* 28, nr. 2 (2013), pp. 564–577.

154. Michael J. Poulin, Stephanie L. Brown, Amanda J. Dillard & Dylan M. Smith, „Giving to Others and the Association Between Stress and Mortality", *American Journal of Public Health* 103, nr. 9 (2013), pp. 1649–1655.

155. Stephanie L. Brown, Dylan M. Smith, Richard Schulz, Mohammed U. Kabeto, Peter A. Ubel, Michael Poulin *et al.*, „Caregiving Behavior Is Associated with Decreased Mortality Risk", *Psychological Science* 20, nr. 4 (2009), pp. 488–494.
156. Elizabeth W. Dunn, Lara B. Aknin & Michael I. Norton, „Spending Money on Others Promotes Happiness", *Science* 319, nr. 5870 (2008), pp. 1687–1688.
157. Lara B. Aknin, Christopher P. Barrington-Leigh, Elizabeth W. Dunn, John F. Helliwell, Justine Burns, Robert Biswas-Diener *et al.*, „Prosocial Spending and Well-Being: Cross-Cultural Evidence for a Psychological Universal", *Journal of Personality and Social Psychology* 104, nr. 4 (2013), pp. 635–652.
158. Lara B. Aknin, Tanya Broesch, J. Kiley Hamlin & Julia W. Van de Vondervoort, „Prosocial Behavior Leads to Happiness in a Small-Scale Rural Society", *Journal of Experimental Psychology: General* 144, nr. 4 (2015), pp. 788–795.
159. Jorge Moll, Frank Krueger, Roland Zahn, Matteo Pardini, Ricardo de Oliveira-Souza & Jordan Grafman, „Human Fronto-Mesolimbic Networks Guide Decisions About Charitable Donation", *Proceedings of the National Academy of Sciences* 103, nr. 42 (2006), pp. 15623–15628.
160. Amy Wrzesniewski & Jane E. Dutton, „Crafting a Job: Revisioning Employees as Active Crafters of Their Work", *The Academy of Management Review* 26, nr. 2 (2001), pp. 179–201, 191.
161. Adam Grant, „8 Ways to Say No Without Ruining Your Reputation", *Huffington Post*, 12 martie 2014, https://www.huffpost.com/entry/8-ways-to-say-no-without_b_4945289.
162. Netta Weinstein & Richard M. Ryan, „When Helping Helps: Autonomous Motivation for Prosocial Behavior and Its Influence on Well-Being for the Helper and Recipient", *Journal of Personality and Social Psychology* 98, nr. 2 (2010), pp. 222–244.
163. Martela *et al.*, „Meaningfulness as Satisfaction of Autonomy, Competence, Relatedness, and Beneficence"; Martela & Riekki, „Autonomy, Competence, Relatedness, and Beneficence".
164. Richard Taylor, „The Meaning of Life", în *Life and Meaning: A Philosophical Reader*, ed. Oswald Hanfling, Blackwell, Oxford, 1988, pp. 39–48.

165. Lawrence C. Becker, „Good Lives: Prolegomena", *Social Philosophy and Policy* 9, nr. 2 (1992), pp. 15–37, 20.
166. Scrisoarea lui Tolstoi către N.N. Strahov, aprilie 1876. Citată în George Gibian, ed., *Anna Karenina – A Norton Critical Edition*, W.W. Norton & Company, New York, p. 751.
167. Rebecca J. Schlegel, Joshua A. Hicks, Laura A. King & Jamie Arndt, „Feeling Like You Know Who You Are: Perceived True Self-Knowledge and Meaning in Life", *Personality and Social Psychology Bulletin* 37, nr. 6 (2011), pp. 745–756.
168. Vezi, de exemplu, Rebecca J. Schlegel, Joshua A. Hicks, Jamie Arndt & Laura A. King, „Thine Own Self: True Self-Concept Accessibility and Meaning in Life", *Journal of Personality and Social Psychology* 96, nr. 2 (2009), pp. 473–490.
169. Vezi Ryan & Deci, *Self-Determination Theory*.
170. De exemplu, Valery Chirkov, Richard M. Ryan, Youngmee Kim & Ulas Kaplan, „Differentiating Autonomy from Individualism and Independence: A Self-Determination Theory Perspective on Internalization of Cultural Orientations and Well-Being", *Journal of Personality and Social Psychology* 84, nr. 1 (2003), pp. 97–110; Beiwen Chen, Maarten Vansteenkiste, Wim Beyers, Liesbet Boone, Edward L. Deci, Jolene Van der Kaap-Deeder *et al.*, „Basic Psychological Need Satisfaction, Need Frustration, and Need Strength Across Four Cultures", *Motivation and Emotion* 39, nr. 2 (2015), pp. 216–236.
171. Chirkov *et al.*, „Differentiating Autonomy from Individualism and Independence".
172. Richard M. Ryan & Edward L. Deci, „Self-Determination Theory and the Facilitation of Intrinsic Motivation, Social Development, and Well-Being", *American Psychologist* 55, nr. 1 (2000), pp. 68–78.
173. Robert Wuthnow, *Acts of Compassion: Caring for Others and Helping Ourselves*, Princeton University Press, Princeton, NJ, 1991.
174. Jupiter îi spune acest lucru lui Egist în Actul II al piesei lui Sartre *The Flies (Les Mouches)*, în Jean-Paul Sartre, *No Exit and Three Other Plays*, Vintage Books, New York, 1989, p. 102 (Jean-Paul Sartre, *Muștele*, trad. Nicolae Minei și Any Florea,

în Jean-Paul Sartre, *Muştele. Cu uşile închise. Morţi fără îngropăciune. Diavolul şi bunul Dumnezeu. Sechestraţii din Altona*, RAO, Bucureşti, 1998, p. 66 – n. tr.).

175. Frankl, *Man's Search for Meaning*, p. 104 (Viktor Frankl, *Omul în căutarea sensului vieţii*, trad. rom. cit., p. 79 – n. tr.).
176. Ryan & Deci, *Self-Determination Theory*.
177. Vezi capitolul 10 din MacIntyre, *After Virtue* (Alasdair MacIntyre, *Tratat de morală: După virtute*, trad. rom. cit., cap. 10, pp. 139–147 – n. tr.).
178. MacIntyre, *After Virtue*, p. 122 (Alasdair MacIntyre, *Tratat de morală: După virtute*, trad. rom. cit., p. 140 – n. tr.).
179. Rawls a numit asta principiul aristotelic. John Rawls, *A Theory of Justice*, ed. rev., Harvard University Press, Cambridge, MA, 2003 (John Rawls, *O teorie a dreptăţii*, trad. Horia Târnovanu, Editura Universităţii „Alexandru Ioan Cuza“ Iaşi, 2011, p. 378 – n. tr.).
180. People Are Awesome – canalul YouTube se mândreşte cu aproximativ cinci miliarde de vizualizări, prezentând filme în care „oamenii obişnuiţi fac lucruri extraordinare“.
181. Mihaly Csikszentmihalyi, *Flow: The Psychology of Optimal Experience*, Harper Perennial, New York, 1991 (Mihaly Csikszentmihalyi, *Flux: Psihologia fericirii*, trad. Mariana Ioan şi Monica Ţuţuianu, Humanitas, Bucureşti, 2008 – n. tr.).
182. Csikszentmihalyi, *Flow*, p. 4 (Mihaly Csikszentmihalyi, *Flux: Psihologia fericirii*, trad. rom. cit., p. 14 – n. tr.).
183. Pew Research Center, „Where Americans Find Meaning in Life“.
184. Trebuie observat că, în comparaţie cu celelalte trei surse discutate, cercetarea a acordat competenţei cea mai puţină atenţie directă. Astfel, este încă nevoie de studii experimentale care să stabilească rolul său de sursă importantă de sens în viaţă. Argumentul meu pentru importanţa sa este astfel mai mult teoretic, deşi vezi Martela *et al.*, „Meaningfulness as Satisfaction of Autonomy, Competence, Relatedness, and Beneficence“.
185. Emily Esfahani Smith, *The Power of Meaning: Crafting a Life That Matters*, Rider, London, 2017, pp. 229–230.
186. Tolstoy, *My Confession*, în *The Meaning of Life*, p. 14 (Lev Tolstoi, *Spovedanie*, trad. rom. cit., p. 52 – n. tr.).

187. Emma Seppälä, *The Happiness Track: How to Apply the Science of Happiness to Accelerate Your Success*, HarperCollins, New York, 2016.
188. John Dewey, *How We Think*, Cosimo, New York, 2007, p. 219. Publicat inițial în 1910.
189. Tolstoy, *My Confession*, în *The Meaning of Life*, p. 13 (Lev Tolstoi, *Spovedanie*, trad. rom. cit., pp. 50–51 – n. tr.).
190. Alan W. Watts, *The Tao of Philosophy*, transcrieri editate, Tuttle Publishing, North Clarendon, VT, 2002, pp. 77–78. Susținute inițial ca o conferință și transcrise de fiul său, Mark Watts.
191. Camus, *Myth of Sisyphus*, p. 63 (Albert Camus, *Mitul lui Sisif*, trad. rom. cit., p. 164 – n. tr.).

Bibliografie

Baggini, Julian, „Revealed: The Meaning of Life“, *The Guardian*, 20 septembrie 2004, https://www.theguardian.com/theguardian/2004/sep/20/features11.g2.

Baumeister, Roy F., Kathleen Vohs, Jennifer Aaker, Emily Garbinsky, „Some Key Differences Between a Happy Life and a Meaningful Life“, *Journal of Positive Psychology* 8, nr. 8 (2013).

Beauvoir, Simone de, *The Coming of Age*, trad. Patrick O'Brian, W.W. Norton & Co., New York, 1970/1996.

Burroughs, William S., *Naked Lunch*, Grove Press, New York, 1959/2001 (William S. Burroughs, *Prânzul dezgolit*, trad. Sorin Ghergut, Paralela 45, Pitești, 2002 – n. tr.).

Camus, Albert, *Myth of Sisyphus*, trad. Justin O'Brien, Vintage Books, New York, 1955 (Albert Camus, *Mitul lui Sisif*, trad. Irina Mavrodin, în Albert Camus, *Fața și reversul. Nunta. Mitul lui Sisif. Omul revoltat. Vara*, RAO, București, 1994 – n. tr.).

Carlyle, Thomas, *Sartor Resartus*, Oxford University Press, Oxford, 1834/1987 (Thomas Carlyle, *Filosofia vestimentației: Sartor Resartus*, trad. Mihai Avădanei, Institutul European, Iași, 1998 – n. tr.).

—— *On Heroes, Hero-worship, and The Heroic in History*, Chapman and Hall, London, 1840 (Thomas Carlyle, *Cultul eroilor*, trad. Mihai Avădanei, Institutul European, Iași, 1998 – n. tr.).

Coelho, Paulo, *Eleven Minutes*, HarperCollins, New York, 2005 (Paulo Coelho, *Unsprezece minute*, trad. Pavel Cuilă, Humanitas, București, 2003 – n. tr.).

Covey, Stephen, A. Roger Merrill, Rebecca R. Merrill, *First Things First*, Fireside, New York, 1995.

Emerson, Ralph Waldo, „Self-Reliance", *The Essential Writings of Ralph Waldo Emerson*, Modern Library, New York, 1841/2000.

Haidt, Jonathan, *Happiness Hypothesis: Finding Modern Truth in Ancient Wisdom*, Basic Books, New York, 2006 (Jonathan Haidt, *Ipoteza fericirii: Armonia dintre știința modernă și vechea înțelepciune*, trad. Simona Drelciuc, Humanitas, București, 2020 – n. tr.).

Hyman, Gavin, *A Short History of Atheism*, I.B. Tauris & Co., New York, 2010.

James, William, „Is Life Worth Living?", *The Will to Believe and Other Essays in Popular Philosophy*, Dover Publications, New York, 1897/1956.

Kierkegaard, Søren, „Repetition", *The Essential Kierkegaard*, ed. Howard V. Hong & Edna H. Hong, Princeton University Press, Princeton, NJ, 1843/2013 (Søren Kierkegaard, *Repetarea*, trad. Adrian Arsinevici, Amarcord, Timișoara, 2000 – n. tr.).

Krauss, Lawrence, „A Universe From Nothing", conferință ținută la AAI 2009 și disponibilă pe YouTube, https://www.youtube.com/watch?v=7ImvlS8PLIo (Lawrence M. Krauss, *Universul din nimic*, trad. Constantin Dumitru-Palcus, Trei, București, 2013 – n. tr.).

Mill, John Stuart, *Autobiography*, Penguin Books, London, 1873/1989 (John Stuart Mill, *Autobiografie*, trad. Constantin Sfeatcu, Incitatus, București, 2003 – n. tr.).

Newton, Isaac, „General Scholium: An Appendix to the 2nd edition of the *The Mathematical Principles of Natural Philosophy*", 1713, http://www.newtonproject.ox.ac.uk/ (Isaac Newton, *Principiile matematice ale filozofiei naturale*, trad. Victor Marian, Editura Academiei Republicii Populare Române, București, 1956, *Scolie generală* – n. tr.).

Nietzsche, Friedrich, *Nachgelassene Fragmente: Juli 1882 bis winter 1883–1884*, eds. Giorgio Rolli, Mazzini Montinari, Walter de Gruyter, Berlin, 1977.

Nin, Anaïs, *The Diary of Anaïs Nin*, vol. 2, 1934–1939, ed. Gunther Stuhlmann, Harcourt Brace & Company, Orlando, FL, 1967.

NPR, *All Things Considered*, „President Obama Is Familiar With Finland's Heavy Metal Scene. Are You?", 17 mai 2016, https://www.npr.org/2016/05/17/478409307/president-obama-is-familiar-with-finlands-heavy-metal-scene-are-you.

Sagan, Carl, *Pale Blue Dot: A Vision of the Human Future in Space*, Random House, New York, 1994 (Carl Sagan, *Un palid punct albastru: Viziune asupra viitorului omenirii în spațiu*, trad. Walter Fotescu, Herald, București, 2016 – n. tr.).

Seneca, „Letters, Book II, Letter XLVIII", citat în Stephen Salkever, ed., *The Cambridge Companion to Ancient Greek Political Thought*, Cambridge University Press, New York, c. 65 CE/2009 (Seneca, *Scrisori către Luciliu*, trad. Gheorghe Guțu, Humanitas, București, 2020, Cartea a V-a, Scrisoarea a XLVIII-a, pp. 150–153 – n. tr.).

Smith, Adam, *The Theory of Moral Sentiments*, ed. D. Raphael & A. Macfie, Indianapolis, Liberty Fund, 1759/1982 (Adam Smith, *Teoria sentimentelor morale*, trad. Dan Crăciun, Publica, București, 2017 – n. tr.).

Street, Sharon, „A Darwinian Dilemma for Realist Theories of Value", *Philosophical Studies* 127, nr. 1, 2006.

Taylor, Charles, *A Secular Age*, The Belknap Press of Harvard University Press, Cambridge, MA, 2007.

Tolstoy, Leo, „Letter to Valerya", citată în Henri Troyat, *Tolstoy*, trad. Nancy Amphoux, Grove Press, New York, 1967 (Henri Troyat, *Viața lui Tolstoi*, 3 vol., trad. Paul B. Marian, Minerva, București, 1973, vol. 1, pp. 274–275 – n. tr.).

Updike, John, „Picked-up Pieces, Moments from a Half Century of Updike", *The New Yorker*, 1 februarie 2009.

Vonnegut, Kurt, *Cat's Cradle*, Dial Press, New York, 1963/2010 (Kurt Vonnegut, *Leagănul pisicii*, trad. Raluca Popescu, Art, București, 2016 – n. tr.).

Worline, Monica C., Jane E. Dutton, *Awakening Compassion at Work: The Quiet Power that Elevates People and Organizations*, Berrett-Koehler Publishers, Oakland, CA, 2017.

Wuthnow, Robert, *Acts of Compassion: Caring for Others and Helping Ourselves*, Princeton University Press, Princeton, NJ, 1991.

Lecturi recomandate

Aristotle, *Nicomachean Ethics*, trad. Robert C. Bartlett & Susan D. Collins, University of Chicago Press, Chicago, 2012 (Aristotel, *Etica nicomahică*, trad. Stella Petecel, Editura Științifică și Enciclopedică, București, 1988 – n. tr.).

Beauvoir, Simone de, *Philosophical Writings*, ed. M.A. Simons, University of Illinois Press, Urbana, 2004.

Camus, Albert, *Myth of Sisyphus*, trad. Justin O'Brien, Vintage Books, New York, 1955 (Albert Camus, *Mitul lui Sisif*, trad. Irina Mavrodin, în Albert Camus, *Fața și reversul. Nunta. Mitul lui Sisif. Omul revoltat. Vara*, RAO, București, 1994 – n. tr.).

Carlyle, Thomas, *Sartor Resartus*, Oxford University Press, Oxford, 1834/1987 (Thomas Carlyle, *Filosofia vestimentației: Sartor Resartus*, trad. Mihai Avădanei, Institutul European, Iași, 1998 – n. tr.).

Ferry, Luc, *Learning to Live: A User's Manual*, Cannongate Books, Edinburgh, 2010 (Luc Ferry, *Învață să trăiești: Tratat de filosofie pentru tânăra generație*, trad. de Cristina Bîzu, Curtea Veche, București, 2007 – n. tr.).

Frankl, Victor, *Man's Search for Meaning*, Washington Square Press, New York, 1963 (Viktor Frankl, *Omul în căutarea sensului vieții*, trad. Silvian Guranda, Meteor Press, București, 2009 – n. tr.).

Haidt, Jonathan, *Happiness Hypothesis: Finding Modern Truth in Ancient Wisdom*, Basic Books, New York, 2006 (Jonathan Haidt, *Ipoteza fericirii: Armonia dintre știința modernă și vechea înțelepciune*, trad. Simona Drelciuc, Humanitas, București, 2020 – n. tr.).

Hyman, Gavin, *A Short History of Atheism*, I.B. Tauris & Co., New York, 2010.

Kierkegaard, Søren, *Either / Or*, trad. Howard V. Hong & Edna H. Hong, Princeton University Press, Princeton, NJ, 1987 (Søren Kierkegaard, *Sau-Sau*, trad. Ana-Stanca Tabarasi, în Søren Kierkegaard, *Opere*, vol. 2, partea întâi, Humanitas, București, 2008, și Søren Kierkegaard, *Sau-Sau*, trad. Ana- Stanca Tabarasi, în Søren Kierkegaard, *Opere*, vol. 2, partea a doua, Humanitas, București, 2009 – n. tr.).

Klemke, E.D., *The Meaning of Life*, ed. a 4-a, ed. Steven M. Kahn, Oxford University Press, New York, 2017.

Landau, Iddo, *Finding Meaning in an Imperfect World*, Oxford University Press, New York, 2017.

MacIntyre, Alasdair, *After Virtue*, ed. a 3-a, University of Notre Dame Press, Notre Dame, IN, 2007 (Alasdair MacIntyre, *Tratat de morală: După virtute*, trad. Catrinel Pleșu, Humanitas, București, 1998 – n. tr.).

May, Todd, *A Significant Life: Human Meaning in a Silent Universe*, University of Chicago Press, Chicago, 2015.

Metz, Thaddeus, *Meaning in Life: An Analytic Study*, Oxford University Press, Oxford, 2013.

Sartre, Jean-Paul, *Existentialism Is a Humanism*, trad. Carol Macomber, Yale University Press, New Haven, 2007 (Jean-Paul Sartre, *Existențialismul este un umanism*, trad. Veronica Știr, George Coșbuc, Bistrița, 1994 – n. tr.).

Smith, Emily Esfahani, *The Power of Meaning*, Broadway Books, New York, 2017.

Taylor, Charles, *The Ethics of Authenticity*, Harvard University Press, Cambridge, MA, 1991 (Charles Taylor, *Etica autenticității*, trad. Alex Moldovan, IDEA Design & Print, Cluj, 2006 – n. tr.).

Taylor, Charles, *A Secular Age*, The Belknap Press of Harvard University Press, Cambridge, MA, 2007.

Tolstoy, Leo, *Confession*, trad. David Patterson, W.W. Norton & Co., New York, 1983 (Lev Tolstoi, *Spovedanie*, trad. Janina Ianoși, EuroPress Group, București, 2008 – n. tr.).
Wilson, Colin, *The Outsider*, Pan Books Ltd., London, 1967.